D1702538

Lisbeth Ascher
Pflege als Begegnung · Eine Krankenschwester erzählt aus ihrem Leben

Lisbeth Ascher

Pflege als Begegnung
Eine Krankenschwester erzählt aus ihrem Leben

Der lieben Eva in dankbarer Freundschaft
13.12.1999   Thea

Facultas

Meinen ganz herzlichen Dank sage ich allen Freunden und Verwandten, die mir durch Gespräche, Ermutigung, Korrekturlesen und Schreiben bei der Arbeit an diesem Buch geholfen haben. Ohne dieses wohlwollende Umfeld wäre es wohl kaum fertig geworden.

In Dankbarkeit widme ich das Buch meinen Patienten, die meine geduldigen Lehrmeister waren.

Lisbeth Ascher

Copyright © 1999 Facultas Universitätsverlag, Berggasse 5, A-1090 Wien
Alle Rechte, insbesondere das Recht der Vervielfältigung und der
Verbreitung sowie der Übersetzung, vorbehalten
Abbildung auf dem Schutzumschlag aus „Bunte Österreich", Nr. 32/1969
(L. Ascher mit zuckerkranken Kindern)
Gestaltung: Graf+Zyx
Druck: WUV
Printed in Austria
ISBN 3-85076-502-4

Gedruckt mit Unterstützung durch den Landesverband Steiermark
des Österreichischen Krankenpflegeverbandes und einen Kreis privater
Förderer und Freunde

Ein Wort zum Anfang

„Das Leben ist nicht etwas – es ist die Gelegenheit zu etwas."
Hebbel

Anstöße, die mir Mut machten, mein Leben zu überdenken und das Resultat auch freizugeben, waren unter anderem wiederholte Anfragen: „Wie war es zu Eurer Zeit, wie habt Ihr gearbeitet?" Diese Fragen trafen sich mit meiner Befürchtung, daß gerade das, was mir in meinem Beruf besonders kostbar erschien, verdrängt und vergessen werden könnte: die menschliche Begegnung mit den mir anvertrauten Patienten, ein wichtiger Heilungsfaktor zur Bewältigung von Krankheit und Leid, ein Bestandteil der Pflegearbeit und ein menschlicher Gewinn, der zur eigenen Reifung beiträgt.

Mein Leben war eingebettet in die Geschichte der Zeit. Gegen Ende meiner Berufszeit bekam ich die Möglichkeit, in einem Krankenhaus die Pflege zu gestalten. Es gelang, menschliche Dimensionen bewußt und systematisch aufzubauen.

Es waren zum Teil turbulente Zeiten, und es konnte nicht immer alles nur glücklich gehen. Ich wollte daher auch für mich im Rückschauen Bilanz ziehen. Freude und Dankbarkeit überwiegen bei weitem.

Inhaltsverzeichnis

Ein gutes Erwachen — 9

Zu Kriegsbeginn in Ostpreußen — 25

Berufsausbildung — 29

Pflegebilder, wie sie der Krieg gezeichnet hat — 41

Verloren in Raum und Zeit — 91

Pflege – unerschöpflich in ihren Dimensionen — 103

Unterrichten statt pflegen — 125

Pflegedienstleitung im Landeskrankenhaus Feldbach — 131

Menschliche und gesellschaftliche Fragen — 139

Nachwort — 145

Anhang: Feldbach – Details aus der Praxis — 147

Ein gutes Erwachen
Wir wuchsen heran unter dem Schutz der Eltern

Kindheit

Als Kind habe ich mich in einer wunderschönen Welt wachträumen dürfen. Als zweites in der Geschwisterreihe wurde ich 1920 in Knittelfeld geboren. Noch im selben Jahr verzogen wir mit Burga, meiner älteren Schwester, nach Dalaas in Vorarlberg, wo meine beiden jüngeren Schwestern Gundis und Dieta auf die Welt kamen.

Vater war als Bauingenieur und später als Geologe bei der Österreichischen Bundesbahn angestellt und im Rahmen der Elektrifizierung der Bahn im Staumauer- und Kraftwerksbau tätig. Das hatte öfteres Siedeln von einem in das nächste Bergtal zur Folge. Vater war ein großer Freund und Kenner der Berge, einer Welt, die er uns mit all ihren Freuden erschloß.

Wir wuchsen heran unter dem Schutz der Eltern, die uns liebten, und besonders von Mutter, die uns von klein an als mitberechtigte, volle Menschen annahm. Wir Geschwister waren eine kleine, verschworene Unterfamilie. Spiel und auch Kämpfe, beides verband uns, und übrig blieb aus diesen Jahren eine tiefe Liebe und Vertrautheit.

Wir wurden nicht geherzt und geküßt oder viel gelobt, das vermochten die Eltern, auch Kinder ihrer Zeit, nicht. Ihre große Liebe zueinander und zu uns war aber die tragende und spürbare Kraft durch die Tage und Jahre unseres Lebens.

Eingebettet und umfangen war ich auch von der wunderbaren Landschaft meiner Heimat, den Zentralalpen. Noch nicht fünfjährig, erlebte ich mich in der Hängematte zwischen zwei Fichtenbäumchen zum Mittagsschlaf sicher aufgehoben vor den unter mir grasenden und schnaubenden Kühen neben dem steinigen Bachbett.

Ein anderes Bild ist fest in meiner Erinnerung bewahrt. Ich durfte Vater auf einer Reise zum Bodensee begleiten. Ein Steinchenwurf in ein stilles Wasser, mit Kreisen, die immer weiter werden, als ob sie ins Unermeßliche gingen. Ich wußte nichts von der Größe des Bodensees, aber ich spürte die Weite. Auch jetzt noch, wo ich diese Zeilen schreibe, kommt mit dieser Erinnerung das Gefühl von Einssein mit dem Raum. Das Geheimnis der sich ausbreitenden Bewegung, die die Zeit auszulöschen schien, ist eine Erinnerung, die auch heute noch als Körperempfindung lebendig wird.

Eng zusammengekuschelt, sitze ich mit meiner älteren Schwester Burga in einer kleinen Mulde unter einem Haselstrauch hinter unserem Haus am Berg. Es war Spätherbst. Wir genossen Nähe und Geborgenheit, die Sonne wärmte unser Nest im Herbstlaub, das mit zarten, raschelnden Tönen auf jeden Windhauch, jede Bewegung antwortete.

Die Überlieferung erzählt: Mutter ließ uns unbesorgt laufen. Um sich das Suchen etwas zu erleichtern, hängte sie uns Glöckchen um. Wir bewohnten in einem Bauernhaus abseits vom Dorf zwei Zimmer. Mutter hatte vollauf zu tun mit den beiden kleineren Schwestern.

Als ich fünf Jahre alt war, übersiedelten wir von Vorarlberg ins Oberpinzgau. Es war keine Unterbrechung, nur eine andere Falte in dieser Traum-Bergwelt. Wir konnten stundenlang unter dem Dach eines Baumes im Wald auf engstem Raum glücklich sein. Aus Moos, kleinen Zweiglein, Zapfen und Samen bauten wir winzige Hütten mit Tischen, Bänken und Tellerchen. Dazu erfanden wir die schönsten Geschichten von Moosmanderln, die diese von uns geschaffene Welt bewohnten. In den folgenden acht Jahren wuchsen wir von der Welt der Moosmanderln langsam in die Welt der Erwachsenen hinein.

Vater fuhr zum Bau der Staumauer, bevor ich erwachte, und kam meist spät abends heim. Wir sahen ihn kaum. Aber sonntags war er für uns da. Er hatte eine unerschöpfliche Fantasie. Mit Buntstiften entwickelte er uns auf Papier einmal die Geschichte vom Vater-Auto und dem Mutter-Auto, die auf den Baum hinauffuhren, sich ein Nest bauten, für die lieben, kleinen Auto-Kinder zum Schlafen. Die Auto-Kinder mußten dann lernen, Ästchen für Ästchen vorsichtig herunterzusteigen vom Baum, bis sie alle zum Ausflug bereitstanden.

Eine andere Form der Geschichten war das reine Erzählen: Eine Wolke, die durch das offene Fenster ins Zimmer kam, lud zum Einsteigen ein und entschwebte dann. Die Reise begann mit der Vogelschau auf unser Haus, den Garten, sich weitend zum Plan des Dorfes, so, daß das innere Bild vom eigenen Erfahrungswert aufgebaut wurde. Auch das Ende blieb ziemlich gleich. Irgendwo zerbarst die Wolke an einem Baum oder Kirchturm, und Mutters Stimme war hörbar: Guten Morgen, steh schnell auf, du mußt ja rechtzeitig in die Schule kommen. Dazwischen lagen Welten, buchstäblich: die Welt. Wir überflogen so die Alpen und erlebten im Beschreiben, im verdichtenden Geschehen, wie sich die Erdkruste formte. Vater führte uns die Rhône entlang flußabwärts bis zum Meer, mit seinen Schiffen und Tieren. Auf der Wolke sitzend, flogen wir hinein in die großartigen gotischen Kathedralen Frankreichs und erlebten den Zauber dieser Räume, die durch das Licht der bunten Glasfenster ihre Kraft erhielten. Wir erlebten feuerspeiende Berge. Vaters Kraft, im Räumlichen zu denken und zu erleben, hat sich mir ganz früh mitgeteilt, ebenso die Freude am Landkartenlesen.

Wir waren vier Mädchen, und damit gab es keinen Anlaß für geteilte Rollenbilder von Bub und Mädchen. Vater, mit seiner großen Liebe zu uns und zu den Bergen, erzog uns schon ganz früh zu seinen Bergkameraden. Zu Beginn waren es kleine Ausflüge, immer mit einem eigenen Rucksack, auch wenn nur die Windjacke drinnen war. Vater leitete damals den Bau des ersten Stubach-Kraftwerkes. Wir durften mit ihm auf den Bau hinauf zum Stausee, am Gletscher durften wir in einem abgesprochenen Bereich spielen, bis er uns wieder abholte. Die Blumen wuchsen uns zu wie liebe Freunde. Die Gemsen waren ein vertrautes Bild.

Ich bin später oft tagelang mit Vater über die Gipfel der Niederen Tauern, von Almhütte zu Almhütte gewandert. Übernachten im Heu war eine Selbstverständlichkeit, ebenso das abendliche Kochen der Erbswurstsuppe am offenen Herdfeuer der Alm, oft mit vom beißenden Rauch tränenden Augen. Was war das für eine Welt, in die ich liebevoll eingeführt wurde! Das Kartenbild vor Augen und gleichzeitig körperlich den Berg mit seinen Abhängen und Kleinformen fühlend, lernte ich verborgene Jagdsteige vermuten und finden. Wie mich vor Giftschlangen hüten? Wie Schneefelder herunterrutschen, ohne zum Schluß in Felsblöcke zu fallen? Sorgfältige Ausschau im Weidegebiet bewahrte uns vor unliebsamer Begegnung mit bösen Stieren, die damals noch häufig auf der Weide waren. Das alles im Angesicht der herrlichen Bergwelt. Es wurde mir bewußt, daß Gletscher die Mulden und Bäche die Gräben formten. Immer hatte Vater seinen Geologenhammer mit. Versteinerungen, mit dem Wissen um ihr Werden, Granate und Bergkristalle und all die farbenprächtigen, geheimnisvollen Kleinodien, die von unseren Bergen behütet werden, sah ich an ihrem Fundort. Selten gingen wir an einer Quelle vorbei, ohne dankbar zu kosten. Ich lernte dem Wetter nicht als „Herausforderung", sondern mit

Eigenverantwortung und Respekt zu begegnen. Später waren es Hochgebirgswanderungen, zu denen außer Familienzugehörigen auch Freunde eingeladen waren.

Unser Zuhause war für Gäste immer offen. Wie viele Verwandte und Freunde kamen, um die Bergwelt der Hohen Tauern wandernd kennen- und liebenzulernen, meist unter der bergkundigen Einführung von Vater!

Vater spielte Cello. Wer von Gästen oder Kollegen ein Instrument hatte, brachte es mit. Dann wurde abends musiziert. Alles war in Musik versunken. Oft bin ich, als Knirps am Topferl sitzend, selig eingeschlafen, bis man mich entdeckte und ins Bett brachte.

Mutter war erfrischend in ihrem selbstverständlichen, persönlichen Einsatz, ihrer inneren Beteiligung bei allem, was sie tat. Uns erzog sie ohne Schläge oder Drohgebärden. Sie versuchte, unser Verständnis zu erreichen, eine mühevolle Aufgabe, die von der Verwandtschaft eher mit Skepsis beobachtet wurde. Ein späterer Ausspruch eines Onkels beleuchtet es treffend: Aus den Kindern von Hans ist trotz der Erziehung von Traute etwas Brauchbares geworden!

Einmal kam eine ganze Gruppe von Wandervögeln, Mitglieder einer Jugendbewegung, der auch Mutter früher angehört hatte. Es waren zwölf oder mehr Mädchen, die um ein Nachtquartier fragten. Das war kein Problem für Mutter. Bratkartoffeln wurden in die Backröhre geschoben und vom Nachbar-Bauern eine Ladung Heu in unserem Kinderzimmer abgeladen. Mit dem würzigen Duft, der noch einige Tage den Raum erfüllte, klang die Erinnerung an die festliche Nacht nach, mit den vielen, schönen alten Liedern und Jodlern, die wir mehrstimmig sangen, und mit dem behaglichen, frohen Beisammensein junger Menschen und dem Zauber, den Improvisation auszulösen vermag.

Mutters Doktorat in Philosophie war für eine Frau damals höchst ungewöhnlich. Als Chemikerin hat sie ein Jahr in Graz und dann in Wien gearbeitet, bevor sie heiratete. Ihre geistige Wachheit war aber in all ihrem Tun spürbar. Ihre Freude an Literatur machte uns früh vertraut mit Lesen und Lesenswertem. Später, 1945, als wir gar nichts besaßen, ausgebombt bei einem Onkel großzügigste Gastfreundschaft fanden, war es ihr trotzdem möglich zu schenken. Einmal, ich weiß nicht mehr, ob es zu Ostern war, lag neben jedem Frühstücksgedeck als Überraschung ein Gedicht von Leifhelm, das sie mit ihren schönen, klaren Schriftzügen abgeschrieben hatte.

Mein Leben hatte einen festen Rahmen. Die Bergwelt im Wechsel der Jahreszeiten, die Eltern mit ihrer Liebe, der großzügigen Freiheit, die sie uns gewährten, und der geschwisterlichen Nähe, mit dem so nötigen Spiel von Nähe und Abgrenzung, das zu erlernen wir nie aufhören werden.

Das erste Jahr Volksschule, nehme ich an, verlief nicht sehr glücklich. Mutter übernahm den Unterricht selbst. Meine Erinnerung an dieses Jahr ist vollständig ausgelöscht. Nicht einmal das mütterliche Antlitz kommt mir zurück, es bleibt dunkel. Im nächsten Jahr war es nicht viel besser. Eine befreundete, damals junge, arbeitslose Lehrerin, wurde als Hilfe im Haus und als Lehrerin eingestellt. In Erinnerung blieb mir das Gefühl von innerer Ablehnung. Meiner leichten Legasthenie-Anlage war das nicht sehr förderlich. Rechtschreiben blieb Zeit meines Lebens problembeladen. Die letzten zwei Volksschulklassen teilte ich mit den vielen kleinen Bergbauern-Kindern unter der Leitung einer Klosterschwester. Die Erinnerung an die Atmosphäre der Klasse ist voll derselben Gerüche, in denen ich mich auch befand, wenn wir uns im nachbarlichen Schafstall in wohliger und wolliger Gemeinsamkeit erlebten.

Für Mutter war wohl vieles mühsam, aber sie verlor darüber nicht viele Worte. Zur Lehrerin sprach sie einmal die Bitte aus, uns nicht neben verlauste Kinder zu setzen. Die Antwort war: Kinder und Läus' gehören zusammen. So entlauste sie unsere langen Haare geduldig täglich mit dem Staubkamm.

Meine erste Begegnung mit dem Tod fällt in diese Zeit. Ein Schulkind war an Tuberkulose gestorben. Ich sehe nur mehr das Zimmer, in dem das Mädchen aufgebahrt war, freundlich, hell, still und voll der herrlichsten Blumen. Da lag es, unter Glas geborgen, schlafend, in einem blütenweißen Bett, mit einem weißen Prinzessinnenkleid und einem Kränzlein im Haar. Es war für mich der Eindruck von tiefster, friedlicher Schönheit. Wir gingen als Klasse gemeinsam hin. Da ich das Kind vorher nicht gekannt hatte, war auch kein Anlaß, den Schmerz des Verlustes zu empfinden. Es war eher die vollendete Harmonie, da das Gesicht etwas unendlich Friedliches hatte. Eine scheue Ehrfurcht ließ uns ganz still werden.

Einer unserer vielen Schwaben-Vettern war mit seiner Geige zu Besuch. In meiner Erinnerung lag ich im Garten unter seinem Fenster im Gras und hörte stundenlang bewegt und staunend seinem Geigenspiel zu. Es waren glückliche Ewigkeiten. Er und die Schwester meines Vaters, mit dem Spitznamen „Cello", haben sich auf gemeinsame Berggänge gefreut.

Doch damals ging Gerhard einmal allein los, und sie brachten ihn am folgenden Tag mit Pferd und Leiterwagen aus dem Felbertal heraus. Er war abgestürzt, wohl nicht vertraut mit dem brüchigen Schiefergestein am nördlichen Rande der Alpen. Der hölzerne Leiterwagen und der einfache Sarg waren überdeckt mit der ganzen Pracht der Hochgebirgsblumen. Es lag Trauer über allem, und doch war das Gefühl des Eingebundenseins in die Schöpfung das, was mich bewegte und tröstete. Die Gestaltung des Begräbnisses schien zuerst etwas schwirig, wurde aber dann doch gut gelöst. Anscheinend war Gerhard der erste evangelische Tote dieses Ortes nach der Gegenreformation. Der Pfarrer wollte zuerst „seinen" Friedhof überhaupt nicht zur Verfügung stellen, bis er dann doch das von der Kirche entfernteste Eckchen freigab. Gerhards Vater hätte gerne die Kirchenglocken zur Beerdigung läuten gehört, was nicht erlaubt wurde. Das Begräbnis wurde nun so eingerichtet, daß das Zwölfuhrläuten genau mit dem Zeitpunkt der Einsegnung zusammentraf. Kein ungeduldiges Wort ist mir darüber in Erinnerung. Mit großem Dank erlebe ich heute, wieviel Achtung und Verstehen zwischen den Schwester-Kirchen seither wachsen konnte. Auch hier ist mir der Tod eher als Bild von Versöhnung und Frieden erschienen. Noch hatte ich keine Erfahrung mit dem Schmerz des unwiederbringlichen Verlustes oder dem Stachel von Versäumnissen und Schuld und der menschlichen Grausamkeit, auch nicht von dem oft so mühsamen Weg des Sterbens.

Die Volksschule war abgeschlossen. Die nächste Hauptschule war in Zell am See, die ich noch zwei Jahre mit meiner Schwester Burga gemeinsam besuchen sollte. Dies bedeutete zweimal täglich eine Stunde mit dem Zug durch diese geliebte Landschaft zu fahren. Vor Zell am See freute ich mich schon jeden Tag auf das Kitzsteinhorn. Der kleine Felsspitz erhob sich über dem ausladenden Gletscher, von dunklen Felskanten anmutig eingerahmt, fast eine barocke Linienführung, und zu seinen Füßen der Zellersee. Wie konnte ein Tag, der mit so viel Schönheit begonnen hatte, ganz schiefgehen! Das Bild war mir so vertraut, daß ich es auch bei Schlechtwetter fühlte. Auf der Rückfahrt war es die schroffe, grüne Spitze des Pihappers mit seinen steilen Gras- und Schieferwänden, die uns heimwärts lockte. Dazwischen lag die Schule, mit Lehrern, die ich liebte, und mit den Anregungen, die sie vermittelten. In diesen Jahren stillte ich meinen Lesehunger mit den Berichten und Tagebüchern, die damals über die Nord- und Südpolforschung und über Grönland zugänglich waren. Ich war ganz sicher, mit einem Polarforscher verheiratet, einmal diese wunderbare Welt selbst sehen zu können.

Im Zug wurden die Aufgaben erledigt, um zu Hause Freizeit zu haben. Der Rest der Zeit war für Neckereien und Unfug mit anderen Fahrschülern gut genützt. Heute benötigt die Bahn kaum mehr die halbe Zeit. Wir Schüler durften noch Kühe vom Geleise treiben, wenn sie durch das Gepfeife der Dampflok nicht aufzuscheuchen waren. Wiederholt kamen wir mit einem Blumensträußchen von der Strecke nach Hause, weil der Zug irgendwo so lange stehengeblieben war.

Durch Vaters Stellung und Zugehörigkeit zur ÖBB hatten wir ein echtes Privileg, das wir oft dankbar nützten. Meist gingen wir knapp, aber auch oft zu spät von zu Hause fort. Mutter rief dann am Bahnhof an: Wir kämen gleich, der Zug solle ein wenig warten. Im Winter mit dem Schlitten die Dorfstraße hinunterrodelnd, winkten wir dem einfahrenden Zug (der Lokomotivführer sah uns immer!), zum Zeichen, wir kämen gleich. Loisi, die Müllerstochter, eine Stunde vom Berg herunter, der Sohn des Bahnhofsvorstandes und wir zwei waren die regelmäßigen Fahrgäste. Loisi war meine einzige wirkliche Freundin aus der Schulzeit überhaupt. Sie starb früh an Tuberkulose.

Meine Tbc-Erstinfektion lag ein paar Jahre zurück, war heftig und langwierig, konnte aber zum Stillstand kommen. Mutter hatte das mit unermüdlicher Geduld, Ausdauer und persönlichem Einsatz unterstützt. Meine kleinere Schwester Dieta und ich, wir lebten fast ganz im Freien. Wenn das Wetter es nur halbwegs zuließ, wanderten Bettgestelle und Inhalte durch das Fenster in den Garten, und wir durften draußen unsere „Verkühlungen" abklingen lassen. Ich sehe Mutter heute noch in dem lichtdurchfluteten Fenster stehen, um Matratzen und Betten in den Garten hinuntergleiten zu lassen. Ich muß es noch einmal sagen: Mutter konnte uns nicht herzen, küssen oder überschwenglich loben – aber ihre Liebe war überschwenglich groß, eine tätige und strahlende Liebe, voll von Verstehen und Annehmen-Können.

Staat konnte Mutter mit uns nicht machen. Auf einer Bahnfahrt von Zell am See nach Wien, damals eine volle Tagesfahrt, tobten wir vier uns im Zug gründlich aus. Ein älterer Mann, uns gegenübersitzend, fragte Mutter: „Sind das alles Ihre Kinder?" Mutter bejahte, worauf er meinte: „Sie arme Frau!"

In diesen Jahren machte Vater zu seinem Bauingenieur das Doktorat in Geologie. Mutter war eine gute Mathematikerin. Da hieß es: „Kinder seid leiser, Mutter muß mit Vater Mathematik lernen!" Vater fuhr immer wieder zu Studienzwecken nach Berlin und durfte durch einen Freund bei den ersten Atomzertrümmerungsversuchen in der Wilson-Kammer zusehen, natürlich mit unzureichenden Schutzvorkehrungen. Wer ahnte damals den Umfang der Gefahren, die damit verbunden waren! Vaters Erzählungen von Berlin waren nur von Bewunderung getragen über das, was Wissenschaft zu enträtseln vermag.

Mutter war in meiner Erinnerung nie wirklich allein mit aller Arbeit. In meinem Gedächtnis ist nicht bei allen Helfern klar trennbar, ob es sich um angestellte Mädchen, Verwandte oder Freunde handelte, die länger oder kürzer bei uns auf Besuch waren. Sie gehörten alle vom ersten Tag an zur Familie. Sie haben mitgearbeitet, sie aßen mit bei Tisch, sie konnten frei nach Wahl die Abende mit uns teilen, mit uns feiern. Die persönliche Achtung, die Mutter uns entgegenbrachte, galt auch ihnen. Zuneigung und Vertrauen schufen die Grundlage für Freundschaften, die über die Jahre anhielten.

Als Beispiel greife ich eine heraus: die junge Kunststudentin Margret Bilger, die spätere Malerin. Sie ist besonders bekannt durch ihre Holzschnitte und Holzrisse (eine von ihr entwickelte Technik) und die Gestaltung von Glasfenstern mit mystischen Farben und einer großen Kraft des Ausdrucks. Unter ihrem Geleit wurde gezeichnet, gemalt und gewerkt. Die Freude an Farbe, Dynamik und Ausdruck standen stark im Vordergrund. Es war eine frohe Zeit des Aufnehmens, Staunens und Erfahrens. Mit Margret gingen wir in einen alten Turm, „Fledermäuse brocken". Wir pflückten die armen Tierchen wie Äpfel von einem Baum (sie hingen zu vielen von der niederen Decke herunter), um dann voll Staunen diese beflügelten Mäuschen mit den lebhaften schwarzen Augen zu bewundern. Wenn sie sich dann zu rekeln begannen, erfaßte uns ein leichtes Gruseln vor diesem fremden Fell-Haut-Gefühl, und wir ließen sie gerne frei.

Meine Neigung, Dinge zu gestalten, äußerte sich früh auf sehr kindliche Weise. Mit einem Taschenmesser bewaffnet, schnitzte ich aus jeder Möhre und Rübe kleine Figürchen, bevor ich sie verzehrte. Später in der Schulzeit bosselte ich aus Kupfer, Messing und Silber kleine Schalen und Schmuckstücke. In der Zeit meines Berufsbeginnes waren es die Scherenschnitte, die es mir angetan hatten, bis zu einem Schattenspiel mit Scherenschnittfiguren zu einer Diplomfeier. Erst nach dem Krieg sollte diese Seite in mir ihren eigenen Schwerpunkt finden.

Mit neun Jahren begann ich mit Geigenstunden, die ich im ganzen sechs Jahre, also in meine Wien-Zeit hinein, fortsetzte. Das Ende war unrühmlich. Mein Geigenlehrer der letzten zwei Jahre kam durch einen Zufall darauf, daß ich keine Noten kannte. Er hatte die Gewohnheit, mir jedes neue Stück einmal vorzuspielen, um mir einen Eindruck von Klang und Dynamik zu vermitteln. Das Gehörte mit dem Auf und Ab der Noten ließ sich dann für mich mühelos aus dem Gedächtnis nachvollziehen. Als er das entdeckte, war er so sprachlos, daß er die Stunde abbrach und mich nicht mehr sehen wollte. Die Geige wanderte trotz des Mißerfolges immer mit mir, bis ich als Schwester in das Lazarett eingezogen wurde und sie, in Berlin hinterlegt, den Bomben zum Opfer fiel. Meine Musikfreude stillte ich später damit, daß ich, wo immer ich konnte, in einem Chor mitsang.

Vater stammte aus einer evangelischen Familie, Mutter war mit ungefähr siebzehn Jahren Konvertitin aus der katholischen Konfession. Wir wurden evangelisch getauft. Weil es im Oberpinzgau so wenige evangelische Familien gab, kam unser Pfarrer nur zweimal im Jahr, um uns privaten Religionsunterricht zu geben. Winters bauten wir vorher schon eine mächtige Schneeburg, und als erstes fand eine gemeinsame Schneeballschlacht statt. Mutter erzog uns aus ethischen Gründen fleischlos und zu Alkoholgegnern. Ab und zu gab es zu besonderen Anlässen als Ausnahme gebratene Leber und zu Weihnachten einen Kalbskopf. Der Pfarrerbesuch war eine dieser Ausnahmen. Nichtsahnend kamen wir vom Garten herein, es roch herrlich. Wie dann die dampfende Schüssel mit gebratener Leber auf dem Tisch stand und der Pfarrer gerade die Hände zum Gebet falten wollte, fuhren wir vier mit unseren Tellern gleichzeitig zur Mitte mit dem Ruf: „Mutter, Fleisch!" Wie dem Pfarrer zumute war, weiß ich nicht, aber wir hatten ihn gern, er war uns nah, auch wenn ich mich nicht an irgendwelche Inhalte seiner Stunden erinnern kann. Der Sonntagmorgen begann oft mit einem Choral, Mutter am Klavier, Vater mit dem Cello, und wir, so gut wir konnten, mehrstimmig. Abends erzählte uns Mutter manchmal Geschichten vom kleinen Moses und wie es ihm so im Lauf des Lebens gegangen ist. Die Zeit, auf die ich mich aber besonders freute, war der Advent. Ein großer Kranz aus Zirbenzweigen mit den vier Kerzen hing von der Decke herab, er füllte den Raum mit seinem würzigen Duft. Vater spielte das Cello, wir sangen und sangen alle Lieder, die uns fromm vorkamen: Choräle, Weihnachtslieder, Adventlieder, Marienlieder und Jodler. Eine Stunde und mehr konnte dabei vergehen. Die Texte der Lieder wurden zu einer Wirklichkeit, einem Raum voll Sehnsucht und religiöser Zuwendung, zu einem Eintauchen in eine wunderbare Geborgenheit.

Wenn Tante Agnes, die Schwester von Mutters Vater, auf Besuch kam, spielte sie oft lange am Klavier. Im Gegensatz zu Mutter, bei der es immer recht hart klang, war ihr Anschlag weich und ihr Spiel ausdrucksreich. Ich floh meist auf die Bodenstiege, um nicht entdeckt zu werden, und konnte nicht genug bekommen von Schuberts Müllerliedern und der Winterreise. Die Traurigkeit wuchs in mir an, und bei dem Lied „Die Nebensonnen" brach sich das ganze Weh in Weinen seinen Weg heraus. Heute noch berührt mich dieses Lied zutiefst, ohne es je wirklich verstanden zu haben. Schuberts Sprache geht weit über die Worte hinaus, und Leid und Einsamkeit haben mich in ihrer Tragik auch damals schon berührt und erreicht.

Dieser Traum meiner Kindheit, hineingeschmiegt in die Falten der Berge mit ihren Geheimnissen und geborgen in der Familie, in einer überschaubaren, bäuerlichen Welt, nahm ein jähes Ende.

Staumauer und Kraftwerk waren gebaut, und Vater wechselte beruflich nach Wien. Wir mußten in den Jahren der schlimmsten Arbeitslosigkeit (1932) dorthin ziehen. Wien fiel über mich, die Großstadt, erschreckend und lähmend. Fast an jeder Straßenecke saß ein Bettler, seine Armut oder seine verstümmelten Glieder preisgebend. Das Leben hektisch, fremd, eine Flut von Menschen, die einander nicht kannten, nicht grüßten, keine Beziehung zeigten. Hilflos diesem neuen „Sein" gegenüber, stürzte ich ins Bodenlose und erlebte die neue Wirklichkeit wie einen bösen Traum. Ich reagierte nur mehr schemenhaft, ohne mein Inneres beteiligt zu fühlen, hoffnungslos ausgeliefert. Diese Zeit, die ungefähr ein halbes Jahr dauerte, hat auch in der Erinnerung keine Farbnuancen. Sie liegt grau in grau. Das Taschengeld reichte gerade nur für die Bleistifte, Straßenbahngeld hatten wir nicht. Wir gingen prinzipiell zu Fuß. Das unbedingte Hinaus ins Grüne am Wochenende lag im Bereich der für uns verbilligten Südbahn. Statt der geliebten Zirben gab es die Föhren, auch die Buchen konnten mich nicht aus meiner Trauer herausholen.

Zu dieser Zeit wurde meine jüngere Schwester Gundis von der Jugendbewegung angeworben. Eine Wandervogelführerin sprach sie an, lud sie ein und meinte, sie solle ihre Schwestern gleich mitbringen. Dieses Grüppchen Gleichaltriger ließ langsam wieder Freude und Hoffnung in mir aufkeimen. Die Liebe zur Natur, das kameradschaftliche Miteinander, die Freude am Singen und am einfachen Leben, lösten langsam meine Starre. Ich haßte Wien, und das weit über die sechs Jahre hinaus, die ich dort wohnte, bis ich später andere Großstädte kennenlernte und beschloß: Wenn schon Großstadt, dann ist mir Wien noch am liebsten. Dabei genoß ich das vielfältige Angebot der Kultur in vollen Zügen, Oper, Theater und Konzert, um 50 Groschen Stehplatz, waren immer möglich. Der Weg nach Hause im Eilschritt und das Zurückmelden waren Voraussetzung dafür, daß wir auch nachts allein in der Großstadt unterwegs sein durften. Ich „erstand" mir die herrlichsten Aufführungen mit bester Besetzung und verbrachte viele Stunden in Museen, versunken und staunend im Anblick der Atmosphäre fremder Länder und vergangener Zeiten, im Erleben von Farbe und Form.

Die Sommerferien bedeuteten vom ersten bis zum letzten Tag: hinaus aus der Stadt.

Mit Kisten und Koffern (mit allem, was zum Haushalt gehörte) ging es mit der Bahn los nach Altenmarkt im Ennstal. Dort wurden wir vom Bauern mit Pferd und Wagen abgeholt. Es war der vorletzte Bauernhof im Ennstal. Damals war er abgelegen von der Straße, wie ein Königreich, mit dem Kornfeld neben dem Haus, den einzelnen Gebäuden für Menschen und Tiere und zum Aufbewahren der dafür nötigen Vorräte. Das Austraghäusel, den Altensitz, wenn die Alten den Hof an die Jungen übergeben haben, bekamen wir für den Sommer. Wir hatten unseren eigenen Haushalt. Die Häusergruppe lag inmitten des Besitzes wie in einer offenen Schale. Ein paar ebene Flecken rund um das Haus, mit Garten und Acker, dem Bächlein mit der Mühle und den schönen Pyritkristallen, die wie Gold glänzten, Moore und ansteigender Wald und die Almen nicht weit. Die Sterzglocke, in einem kleinen Glockentürmchen am Dachfirst jedes Pongauer Bauernhauses, läutete zu den Essenszeiten und wurde gehört, wo immer auf dem Riesengrund gearbeitet wurde. Aber sie läutete auch bei Gefahr von Unwetter und beim Tod eines der Menschen dort. Heute ist vieles anders geworden, nicht nur, daß die Autobahn durchgeht.

Mit den sechs Kindern des Bauern, sie waren ungefähr in unserem Alter, wuchsen wir die ganzen Wiener Jahre hindurch im Sommer gemeinsam auf. Die Anrede war: Vater und Mutter für unsere Eltern, Voder und

Muada für die Bauerneltern. So wußte immer jeder, wer gemeint war. Bald durften wir mit den Bauernkindern Wasser und Jausenbrot zu den auf entfernteren Wiesen arbeitenden Erwachsenen des Hofes bringen. Wir lernten die ganze Heuwirtschaft kennen, die damals rein händisch geschah, bis zur Getreideernte (die Halme wurden mit der Sichel geschnitten). Wir wuchsen selbstverständlich in alles hinein. Wir sammelten Himbeeren und Schwarzbeeren für unsere Wintermarmelade. Mengen von Herrenpilzen wurden getrocknet. Nach anstrengenden Tagen der Mitarbeit am Hof war es eine Auszeichnung, wenn wir zum Essen eingeladen wurden, am Tisch aus einer Schüssel essend, mit gepflegter Eßkultur.

Am Abend wurde oft gesungen, alte Volksweisen, fast alle Hofbewohner waren stimmbegabt. Eine Menge herrlicher Jodler, die durch ihre Klangfülle und den getragenen Rhythmus das Herz froh und weit stimmten, und die Volkslieder mit ihren berührenden Texten, ihrer Schlichtheit und ihrer direkten Aussage. Bei Schlechtwetter verschwanden wir Kinder oft auf den Heuboden, um Texte und die einzelnen Stimmen der Lieder und Jodler zu lernen.

Landschaft, Hof und besonders die Menschen waren uns wie ein zweites Zuhause geworden. Die Zeit, die auch Vater bei uns sein konnte, wurde, so gut es ging, zum Erwandern der Berge um uns genützt.

Mit neun Jahren durfte ich die erste Gletscherwanderung miterleben. Der Stubacher Sonnblick, ein kleiner Gipfel im Glocknergebiet. Das Gehen mit Steigeisen war mir so ungewohnt, daß ich auf dem steilen Hanggletscher ausrutschte und in das Seil fiel. Wie ein Frosch mit allen vieren von mir gestreckt, wurde ich wieder hochgezogen und lernte von da an, meine Füße sorgfältiger zu gebrauchen.

Die von Wien jährlich unternommenen Hochgebirgswanderungen waren Feste von einer Woche bis zu vierzehn Tagen, Gletschertouren in unseren schönen Zentralalpen. Freunde und Verwandte nahmen daran teil. Von den Ötztaler Alpen im Westen bis zu der Hochalmspitze bei Gastein lernte ich, diese großen Gebirgsstöcke in ihrer Schönheit zu erwandern, die Gipfel wurden vertraut in ihrer Gestalt, und der Blick über Täler hinweg zu den bekannten Bergsilhouetten war erfüllt von Erinnerungen.

Faszinierend für mich war das Erleben von Grenzen, die die Natur setzt: Da, wo der Wald aufhört und nur wenige einzelne Bäume sich noch ein „Darüber" ertrotzen, klein und mitgenommen die letzten Nischen des Klimas suchend, wuchsen die Legföhren und die Zwergweiden. Noch zwischen den Gletschern in eisfreien, humusgefüllten Felsritzen brachten Gletscherhahnenfüße leuchtende Blüten hervor. Schrittweise läßt du die Vegetation zurück im Emporsteigen, und doch findest du noch Schmetterlingsflügel und Gletscherflöhe auf den riesigen Eisflächen.

Der Aufbruch war meist um zwei Uhr früh. Vater sah sich oft am Vortag den Beginn des Weges an, um ihn dann in der Dunkelheit der frühen Stunde zu finden. Die erste Rast, beziehungsweise das Frühstück, gab es nicht vor Sonnenaufgang. Erst am Gipfel wurde ausgeruht. Mit Köstlichkeiten, die wir das ganze Jahr über kaum hatten: aufgesparter Lebkuchen von Weihnachten, Schokolade, die wir Kinder von Besuchern mitgebracht bekommen hatten und die uns Vater regelmäßig abknöpfte und wegsperrte. Wir genossen die Aussicht mit der Landkarte in der Hand, den Gipfelschlaf, ließen Schnee für Limonade schmelzen und fütterten Dohlen. Diese Flugkünstler fingen die zugeworfenen Brocken unmittelbar vor uns in der Luft auf. Der Abstieg verlief je nach Wetter und nötiger Gehzeit. Bei drohendem Gewitter konnte Vater gehörig antreiben und uns in Bedrängnis bringen. Im Steigen langsam, aber gleichmäßig wegen seines Asthmas, konnte er wie ein Wiesel bergab rennen. Abends war es für mich eine Freude, zu sehen, wie Vater ein Gläschen Rotwein mit großem Bedacht und Genuß trank, ein Luxus, den er sich nur in diesen Bergtagen leisten wollte. Es war eine Selbstverständlichkeit, daß wir unsere Verpflegung von zu Hause im Rucksack mittrugen. Außer dem relativ billigen „Bergsteigeressen" und einem Hüttengetränk wurde von uns nicht viel zusätzlich konsumiert.

Es war ein intensives Erleben meiner Heimat, an dem ich teilhaben durfte, bis ich von zu Hause wegging. Es sollte über die Jahre in der Erinnerung als Kraft anhalten.

Die Konfirmation erlebte ich als ein sehr tiefes Berührtwerden. Ich fühlte mich durch die Gespräche über Liebe und Treue zu Gott, über die Gemeinschaft, in die ich als Mensch hineingestellt war, durch „meinen Nächsten" verkörpert, plötzlich als Erwachsene in die Verantwortung hineingenommen von dem unsichtbaren großen Gott. Es waren wohl Gedanken, die ich weniger verstand als fühlte. Meine Gefühle bekamen ein Zuhause in weitem, lichtem Raum.

Die Hauptschule, mit der Wiederholung der zweiten Klasse nach dem Ortswechsel, verlief ohne Besonderheiten oder besondere Bindung.

Rechtschreiben in Deutsch und Englisch blieben mühsamst, die Mittelschule kam also nicht in Frage.

So besuchte ich die dreijährige höhere Lehranstalt für wirtschaftliche Frauenberufe in Baden bei Wien. Als Eisenbahnerkind war die Bahnfahrt für mich fast umsonst. Das vielseitige praktische Angebot an Lehrinhalten sprach mich an, auch in den normalen theoretischen Fächern, wie etwa Geschichte, ging es nicht nur um Jahreszahlen, sondern auch um Überblicke, Zusammenhänge und Vergleiche. Gedanken, die ich sehr spannend fand.

Um mir die englische Sprache, mit der ich reichlich Schwierigkeiten hatte, näherzubringen, fanden die Eltern für mich Sechzehnjährige während der Schulferien über Verwandte und deren Freunde einen Au-Pair-Platz in London, mit einer kurzen Wartezeit vorher in Norfolk. Ich wurde in der Familie, beide Eltern Musiker, sehr lieb aufgenommen, hatte für ein reizendes kleines Kind zu sorgen. Die Sprache lernte ich sehr unbekümmert zu gebrauchen. Überraschend war für mich, wie schnell ich in englischer Sprache träumte. England sollte ich Jahre später noch öfter erleben.

Mein Wunsch, Krankenschwester zu werden, reifte in diesen Jahren. Bestärkt auch dadurch, daß Säuglingspflege mit ein Unterrichtsfach in der Schule war. Eine Wahltante, bei der ich in Baden den Mittagstisch hatte, die selbst Kinderärztin war, riet mir sehr ab davon. Sie meinte, die Abhängigkeit von der Schwesternorganisation, die Kasernierung und persönliche Kontrolle seien unzumutbar. Ich wurde es trotzdem und war ihr in den unvermeidlichen späteren Krisenzeiten dankbar, diesen Entschluß auch diesbezüglich bewußt gefaßt zu haben. Noch hatte ich Zeit, meine Berufsvorstellung wachsen zu lassen.

Das Jahr 1938

Die Zeit vor dem Umsturz 1938 brachte Verwirrung, dunkle Vorzeichen von provozierenden Handlungen, Schüren von Feindseligkeit und Vorurteilen, die mir als unklares Unbehagen erinnerlich sind. Die Zusammenhänge verstand ich nicht zu deuten, die Handlungen berührten mich tief. Der Bericht, ein Deutscher sei von einem Tschechen aus dem fahrenden Zug gestoßen und getötet worden, machte mich fassungslos. Ich lag abends stundenlang weinend unter meiner Decke verborgen und versuchte mir das Gesicht eines Menschen vorzustellen, der imstande war, einen anderen Menschen bewußt zu töten. Ich blieb verzweifelt, sprachlos und fand kein Antlitz für diesen Menschen, bis mich der Schlaf doch übermannte. Heute noch berührt es mich, wenn ich im Fernsehen Bilder von gesuchten Schwerverbrechern sehe, oft sehen sie aus wie du und ich. Nicht erkennbar, welch zerstörtes Innenleben sie zu solchen Handlungen verleitet.

Als Wandervogelgruppe wurden wir einige Monate vor dem Einmarsch deutscher Truppen in Österreich verboten, als zu selbständig, wanderfreudig, volksbewußt. Wir tarnten uns als Kajak-Club und paddelten auf der Donau. Als dann Hitler einzog, fuhren wir ihm entgegen nach Linz. Jung und mitgerissen von der Menge, schrie auch ich mich heiser. Kurze Zeit darauf wurden wir als Gruppe in den BDM (Bund Deutscher Mädchen) übernommen. Unsere Führerinnen wurden abgelehnt, da zu kritisch im Beobachten und zu selbständig im Denken. Wir blieben trotzdem wie ein kleiner Privatverein. In diesem für mich letzten Sommer in Wien machten wir noch eine Wanderung in die Täler der Niederen Tauern und sammelten alpenländische Volksmusik.

Zu Hause gab es auch Überraschungen. Erst nach dem Einmarsch der Deutschen erfuhren wir von Vater, daß er illegales Parteimitglied der nationalsozialistischen Bewegung mit ganz niederer Mitgliedsnummer war. Vater, dem ich bereit war, ohne jedes Bedenken alles von mir zu erzählen, hatte selbst durch die vielen Jahre ein Geheimnis vor mir verborgen. Wie von einer vorüberziehenden Wolke lag für eine kurze Weile ein Schatten über mir. Der Verwirrung nicht genug, erfuhren wir fast gleichzeitig, daß sein Großvater Jude war. Vater verlor als Vierteljude sehr rasch seine Stellung in der Generaldirektion für die Elektrifizierung der ÖBB, die er in den letzten Jahren im Sektor Wasserbau hatte, und sein Gehalt. Aufgrund seines fachlichen Könnens wurde er wieder relativ bald zu verschiedensten Gutachten und Projekten herangezogen. 1945 ereilte ihn seine Vergangenheit nochmals. Damals ausgebombt und sehr krank, wurden ihm wegen seiner illegalen Jahre Gehalt und Pensionsanspruch neuerdings gestrichen. Zwar ernüchtert durch die Entdeckungen und den Einbruch des politischen Geschehens 1938, bis mitten in unsere Familie herein, habe ich doch durch die Ereignisse des Tages und unter der Suggestion der Straße rasch die persönliche Problematik meiner Herkunft als Achteljude verdrängt. Ich zog weder Schlußfolgerungen für mich, noch begriff ich die Bedeutung und den Umfang dieser Entwicklung für die Zukunft.

Berufswahl und Vorbereitungszeit

Die Schule war abgeschlossen, ich wollte Krankenschwester werden. Ich verknüpfte meinen Fernwunsch, Afrika kennenzulernen, mit meiner Berufsvorstellung. Ich fand sogar ein Rotkreuz-Mutterhaus, das Krankenschwestern für Einsätze an verschiedenen Orten in anderen Kontinenten ausbildete, darunter auch für Einzelstationen in Ostafrika (heute Tansania). Diese bildeten ein Netz für eine gute gesundheitliche Basisversorgung der Bevölkerung.

Zur Ausbildung gehörte das Krankenpflege-Diplom, Hebammenausbildung, ein Kurs für Tropenkrankheiten und Zähneziehen mit dem nötigen Hintergrundwissen, Kisuaheli, die Umgangssprache der Einwohner, und Reiten. Dem sollten vierjährige Einsätze folgen, zu zweit auf einer Art Ambulanzstation, für einen großen Einzugsbereich. Zwischen jedem Einsatz war ein Vierteljahr Heimaturlaub vorgesehen. Ich meldete mich im Rotkreuz-Mutterhaus „Für Deutsche über See" für September 1939 als Schülerin an. Eine Haushaltungsschule und ein halbes Jahr Praxis in einem Haushalt waren Voraussetzung.

Das dafür verlangte halbe Jahr Praxis in einem Haushalt wurde eine ganz kostbare Zeit für mich, in der Familie einer Cousine zweiten Grades. Es war eine Pfarrersfamilie mit drei Kindern, das vierte unterwegs, in einem kleinen Dorf im Mainhardter Wald im Schwabenland. Es lag weit weg von der großen Welt. Für mich war es ein Eintauchen in den großen Verwandtschaftszweig meiner schwäbischen Großmutter väterlicher Seite, dessen Umfang ich erst langsam entdeckt habe und in dessen Liebe ich voll aufgenommen wurde. Es wuchsen Beziehungen, die heute noch die gleiche Freude und Wärme schenken.

Die Reichskristallnacht erlebte ich dort oben nicht mit, aber im nachhinein ist mir erinnerlich, daß Dinge vorgefallen waren, über die nur ganz leise im engsten Freundeskreis gesprochen wurde. Ich sehe noch die besorgten, ernsten Gesichter in diesem Zusammenhang. Mein Inneres wurde davon nicht aufgeweckt, formte sich zu keiner Frage. Ich war vollkommen unpolitisch erzogen. Es hieß zu Hause, wenn von Politik, Geld oder Frauen die Rede war: Kinder geht hinaus, das ist nichts für euch!

Zu Kriegsbeginn in Ostpreußen

Mit einer Cousine zusammen hatte ich mich nach Ostpreußen zum RAD (Reichsarbeitsdienst) gemeldet. Im NS-Regime gab es einen Grundsatz, alte Verbindungen (z.B. Verwandtschaft, Freundschaft) zu zerschlagen, um die Bindung an die Partei zu kräftigen. Daß ich trotzdem, im Frühjahr 1939, mit meiner Cousine zusammen in Ostpreußen im gleichen Lager war, konnte nur durch unsere Namensgleichheit und ein Unverständnis dafür geschehen, zum Staunen aller und zu unserer Freude.

Im Arbeitsdienst erlebte ich die Gemeinschaft und vorrangig das Helfen bei den Bauern, die dringend Hilfe brauchten. Die Männer waren fast alle beim Militär eingezogen und die Frauen mit den Kindern allein in ihren armseligen Hütten auf dem mageren, sandigen Boden. Ihr Masurisch klang für mich mehr polnisch als deutsch, ihr Verhalten war eher stumpf und, wie mir schien, dem Schicksal ergeben. Dagegen kraß sich abhebend war eine Bauernfamilie, in der Gegenreformation aus Salzburg ausgewandert, deren Haus sauber, deren Landwirtschaft moderner geführt war und sichtlich bessere Erträge brachte.

Ein seltsames, zunehmendes Mißtrauen dieser halb polnischen Grenzbevölkerung teilte sich uns immer mehr mit. Wir hörten von Übergriffen der Polen auf deutsches Gebiet, „Plänkeleien", ein Deutscher, der von Polen aus auf deutschem Gebiet angeschossen worden sei. Wir mußten plötzlich alle privaten Sachen (Kleidung etc.) heimschicken, und die Grenze wurde durch Militärpatrouillen bewacht. Unser Barackenlager lag etwa zehn Meter von der polnischen Grenze entfernt, und wir konnten nachts die Schritte der Soldaten hören. Erst viel später begriff ich, daß es gezielte Provokationen von deutscher Seite waren.

Dann kam der Befehl, wir wurden abgezogen, um bei der geplanten großen Feier zur Erinnerung an den Sieg bei Tannenberg bei der Verköstigung der Teilnehmer mitzuhelfen. Sie waren in einem riesigen Barackenlager untergebracht. Alle Veteranen vom August 1914 waren geladen. Sie kamen in Festtagsanzügen, jüngere und ältere Männer, ohne Frauen und Kinder. Wir schälten für sie die Erdäpfel, sie waren voll Erwartung. Am Tag darauf sollte der Festakt sein. Für Hitlers Rede wurde eine große

Tribüne zusammengenagelt. Meine Erinnerung bringt mir ein seltsames Gefühl von viel zu groß und dafür zu dünnen Latten und nur wenigen Nägeln. Wie nicht voll ins Bewußtsein gehobene Empfindungen doch hängenbleiben!

Die Nacht auf den 1. September 1939 war drückend, und morgens wurde der Krieg mit Polen ausgerufen. Um das riesige Lager war über Nacht Stacheldraht gezogen worden. Wir waren plötzlich alle Gefangene, und alle Männer, ohne Rücksicht auf Alter oder Behinderung, wurden in Uniformen gesteckt, auf Lastwagen geladen, um gegen das gefährliche Polen zu kämpfen, es zu erobern.

Hitler kam natürlich nicht. Die Bretterbude wurde abgerissen. Die Männer waren zum Teil sprachlos oder wütend, erbost, enttäuscht. Wir bekamen ihre Wut zu hören. Familienväter, Großväter, die ohne bewußten Abschied von zu Hause in den Krieg geschickt wurden, Betrogene! Ich hatte vor Scham einen roten Kopf und schälte Erdäpfel.

Und trotzdem war ich nach Ende des Feldzuges an einer Fahrt über die Grenze dabei, vom RAD organisiert, und nahm vom Dachboden eines verlassenen Bauernhofes einen angesprungenen Tonkrug mit, mit einer Selbstverständlichkeit, die mir heute noch unverständlich ist. Der Krug ist mir in Erinnerung geblieben und mit ihm die Scham und Trauer über das, was ich tat und was ich alles nicht wahrnahm und spürte.

Ich war unter den ersten fünf Arbeitsmaiden unseres Lagers, die zeitgerecht entlassen wurden. Nur für Anwärterinnen auf Medizin- und Krankenpflegeausbildung war die Einsatzzeit im RAD nicht verlängert worden. In Marienburg, zum damaligen Ostpreußen gehörend, warteten wir fünf unter lauter Landsern, ob wir mit dem Schiff über die Ostsee nach Deutschland fahren müßten oder ob der Zugsverkehr über das eroberte polnische Gebiet freigegeben würde. Im ersten, ganz überfüllten Zug ging es dann in schleppender Fahrt, unter chaotischen Verhältnissen, irgendwann des Nachts los nach Berlin, das wir zur nächsten Mitternacht erreichten. Alles war verdunkelt, die Großstadt für mich fremd. Nur mit einem kleinen Umhängebeutel ausgerüstet, ohne Bargeld (ich war ja sozusagen dienstlich zur Rotkreuz-Ausbildung geschickt worden) und völlig übermüdet, kam ich erst beim dritten Mal „Potsdamer Bahnhof" drauf, daß ich mit dieser S-Bahnlinie immer im Kreis fuhr. Der Stationsvorstand, den ich ansprach, half mir dann, stempelte mir die Fahrkarte so, daß sie für den weiteren Tag noch Gültigkeit behielt, bot mir eine Schale warmen Tee an und erzählte mir, daß seine Tochter, auch im Arbeitsdienst, wohl Ähnliches erleben könnte. Er riet mir, am Bahnhof den Morgen abzuwarten. Wieder stand ich unter den Soldaten, zwischen denen ich im Zug eingepfercht gewesen war, diesmal lagen viele auf dem Betonboden und schliefen. Ich war todmüde und konnte und wollte mich doch nicht dazulegen. Eine Kellnerin, die ich daraufhin ansprach, erlaubte mir, in ihrem Bett bis 5 Uhr früh zu schlafen. Ich spüre heute noch die Dankbarkeit ihr gegenüber, daß ich für ein paar Stunden dieser befremdenden Soldaten- und Kriegsatmosphäre entfliehen konnte, nicht ahnend, wie massiv ich noch damit zu tun haben würde.

Berufsausbildung

In der Früh am 4. September 1939 kam ich dann reichlich schlaftrunken im Rotkreuz-Mutterhaus „Für Deutsche über See" an, wurde baden und schlafen geschickt und fand eine Schale Trauben auf meinem Nachttisch. Das damalige Ausbildungssystem bestand aus drei Einheiten:
1) Ein halbes Jahr Vorschule, meist bestehend aus allen Bereichen des Haushaltes im Berliner Rotkreuz-Mutterhaus „Für Deutsche über See".
2) Eineinhalb Jahre Spitalsausbildung in Wilhelmshaven, einschließlich des theoretischen Unterrichts, der Diplomprüfung und der Überreichung des Diploms.
3) Daran anschließend ein praktisches Jahr möglichst im gleichen Krankenhaus. Erst damit wurde die Berufsberechtigung zur Ausübung der Krankenpflege erteilt.

Als Vorschülerin in diesem halben Jahr erfuhr ich im kleinen Alltag des Hauses, was deutsche Gründlichkeit bedeutet. Durch Mutters Großzügigkeit und Einstellung auf wesentliche Ziele verwöhnt, mußte ich mich mit prinzipieller Perfektion auseinandersetzen. Für die damalige Zeit und Auffassung von fraulichen Zuständigkeiten lag es als Mittel zum Zweck wohl nahe. Die Oberin wollte uns sicher so weit kennenlernen, daß sie uns ohne zu großes Risiko später in alle Welt (meist an Schlüsselstellen) verschicken konnte. Wir waren sieben Vorschülerinnen, jede auf ihre Weise zäh und robust, voll Erwartung auf die wirklich berufsbezogene Ausbildung. Wenn alle Respektspersonen aus dem Hause waren, wurde leidenschaftlich Theater gespielt. Schmachtende Liebesszenen und Krimis haben wir uns, durch das ganze Haus tobend, von der Seele gespielt. Unsere Vorgesetzten wurden gründlich persifliert. Daneben gab es auch harten Schlagabtausch in Offenheit, oft bis an die Schmerzgrenze heran, aber nie nach außen getragen. Zurückschauend war es eine Form der Sozialisation und das Wachsen von Freundschaft, die über Jahrzehnte hinaus bis zum heutigen Tag anhält.

Zur selben Zeit war Vater auch in Berlin, als Geologe und Bauingenieur für fachliche Beratungen herangezogen. Er verweigerte meine Bitte, sich einmal der Oberin vorzustellen. Trotzdem bekam ich meist vier- bis fünfmal die Woche am Abend frei, um mit ihm in ein Konzert zu gehen. Wir trafen uns in irgend einem Gasthaus, er erzählte mir viel aus seiner Studentenzeit, und anschließend ging es ins Konzert, erlesene Kammermusik und hervorragende Orchesteraufführungen. Wahrscheinlich ertrug ich deshalb die mir noch sehr fremde neue Welt so gut.

Politische Bildung ist mir aus dieser Zeit, auch aus den folgenden Jahren, nicht erinnerlich, wohl aber das Befassen mit den Grundlagen und Gedanken des Roten Kreuzes.

Unser Ausbildungsspital war das Städtische Krankenhaus in Wilhelmshaven am Jadebusen. Trotz aller Androhungen, man könne mich nicht auf Patienten loslassen, sie würden alle bei mir sterben (bei jedem angebrannten oder versalzenen Essen), kamen wir alle sieben in den nächsten Ausbildungsabschnitt. Endlich gab es Haube und Tracht, und wir wurden zur Bahn geleitet.

Wieder war alles neu. Hafenstadt, schwere Seeluft, Meer und Meeresgerüche, völlige Ebene und ein Dialekt, den ich nicht verstand. Ich hatte vorher noch nie ein Spital betreten. Die Sehnsucht, die Welt zu erfahren, hatte plötzlich ein ungeahntes, sehr konkretes Übungsfeld bekommen. So stürzte ich mich auch hinein.

Frisch mit der Haube geschmückt, wurde ich zu meinem Schrecken der chirurgischen Männerstation zugewiesen. Ein Tablett in die Hand gedrückt, mit dem Auftrag, „die Gläser einzusammeln", betrat ich den Zehn-Betten-Saal, befangen und sendungsbewußt, mit hochrotem Kopf in die Runde schauend. Auf den Nachttischen standen die Wassergläser, die konnten es ja „ab jetzt" nicht mehr sein! Also griff ich nach den in der zweiten Etage stehenden, mir seltsam aussehenden Harnflaschen. Das Tablett war schwer, mit dem ich am Gang landete, der Schrecken der Stationsbesatzung groß, groß war aber auch das gemeinsame befreiende Lachen, durch das ich gleich am ersten Tag zwar als etwas seltsam, aber voll integriert war. Die Männer reagierten mit wohlwollender Teilnahme an meinen Fortschritten. Der Bonus des österreichischen Flairs blieb mir in den ganzen Jahren unter Norddeutschen erhalten.

Es war eine reale, harte Welt. Mit der Vorstellung, für den Einsatz in Afrika gut gerüstet und an Belastung gewöhnt zu sein, nahmen wir alles in Kauf. Ein Zehn-Stunden-Tag, sechsmal die Woche, mit selbstverständlichen Überstunden. In der Mittagspause fanden die Vorlesungen statt. Wer Nachtdienst hatte, mußte dazu aufstehen. Später, als die Fliegeralarme häufiger wurden, waren die nächtlichen Unterbrechungen und die damit verbundene körperliche Arbeit und seelische Belastung ein „Zusätzlich", das überhaupt nicht erwähnt wurde. Um bei den Vorlesungen nicht einzuschlafen, zwickten wir uns unter dem Tisch in die Waden, ein Gebot der Stunde. Wann wir lernten, ist mir nicht erinnerlich. Sicher war der Stoff nur ein Bruchteil des heutigen Pensums.

Trotz alldem blieb uns ein Spielraum, den wir nützten. Wir sieben Schülerinnen waren lange Zeit in einem Fünf-Betten-Zimmer untergebracht, Betten, Nachttischchen, ein großer Spind und ein kleiner Tisch. Das genügte für damals, denn zwei waren ja immer im Nachtdienst eingeteilt. Mit dem monatlichen Taschengeld von zehn Mark fühlte ich mich selbständig und brauchte keine Unterstützung mehr von Zuhause. Nach dem Diplom sollten es dann dreißig Mark werden. (Ein Handtuch kostete damals eine Mark.)

Alles Abreagieren auf die Zwänge der damaligen Zeit, aller Unmut auf Bevormundung und übertriebene Kontrolle schweißten uns zusammen, fanden hier ihren Ausgleich. Zum Teil waren es wilde Spiele, Reportagen von Fußballspielen, Elsbeth kurvte mit dem Irrigatorgestell als Mikrophon wie wild auf dem kleinen Raum zwischen den Betten herum und schrie uns den Spielverlauf zu. Wir waren die tobenden, begeisterten Zuschauer. Später, als wir wegen Bombenschadens über ein Patientenzimmer umquartiert wurden, mußten wir oft an unsere schlafbedürftigen Unterbewohner erinnert werden. Wir lernten langsam, Gefühle und Aggressionen, trotz aller Intensität, den äußeren Bedingungen anzupassen. Als wir in unser altes Fünf-Betten-Zimmer zurückkonnten, schmückte ein Fünf-Hütchen-Luster unsere Decke. Es war Kirschenzeit. Die Einweihung wurde zu einem Sportfest. Wir übten angestrengt, die Kirschkerne direkt nach oben in eines der Hütchen zu spucken. Wir bemerkten es nicht, daß schon eine ganze Weile unsere Oberschwester mit einer Mischung aus Wohlwollen, Staunen und Lachen in der Türe stand.

Die erste Zeit handelten unsere Gespräche fast ausschließlich von Erfahrungen mit diplomierten Schwestern, Stationsschwestern und Patienten. Als uns bewußt wurde, wie unser ganzes Denken ausschließlich spitalsfixiert wurde, nahmen wir uns vor, uns mit anderen Themen zu befassen. Wir lasen gemeinsam oder getrennt Bücher, um dann den anderen davon zu erzählen. Ich sang im städtischen Chor mit, so gut es der Dienst zuließ, und besuchte Theater oder Kammermusik-Abende. Heute scheint es mir unverständlich, was alles in diesem Leben voll Arbeit und Krieg noch Platz hatte.

An den freien Tagen waren wir mit Rädern unterwegs, bis zu den vorgelagerten Ostfriesischen Inseln hinauf. Eine Stunde Radfahrt von Wilhelmshaven entfernt, entdeckte ich drei Lärchenbäume. Ich begrüßte ihr frühes Blühen und das prächtige Goldgelb ihrer Nadeln im Herbst – ein Stück Heimat für mich.

Heimweh kannte ich nicht, die Lebendigkeit des Meeres und der unendlich scheinende Himmel ersetzten mir die Berge. An Nebeltagen baute ich mir meine Bergwelt in Gedanken um mich. Schwimmen gegen die Wellen der Brandung war Seligkeit. Auch das Erleben der Gezeiten zog mich immer wieder in seinen Bann. Eine Naturgewalt, die im Kommen der Flut und im Sog der Ebbe erlebbar wurde, löste Staunen, Angst und Glück aus.

Die Menschen liebte ich. Karg, schweigsam, an Einsamkeit gewöhnt, waren sie immer hilfsbereit. Wenn sie sich einmal öffnen konnten, waren sie warmherzig, gastfreundlich und hatten einen köstlichen Humor. Sie erinnerten mich an unsere Bergbauern zu Hause. Ihre Sprache lernte ich bald verstehen. Relativ früh war ich, vorübergehend durch Krankenstandsausfall, als Schülerin allein für die Infektionsabteilung zuständig. Für jede Krankheit ein Zimmer mit Waschschüssel und Kittel vor der Türe, und in jedem Zimmer meist nur ein Kind, winzig, arm, weinend, und es verstand und sprach nur ostfriesisches Plattdeutsch. Der Arzt bei der Visite sprach auch nur Platt, und ich mußte nach jedem Zimmer um die Übersetzung der Verordnung auf Hochdeutsch bitten. Unsere Aufräumerin, eine lebhafte, warmherzige Frau, bat ich um Privatstunden. Wir lasen mit viel Vergnügen gemeinsam Fritz Reuter, hier ein Dichter ähnlich wie für uns in Österreich Peter Rosegger. Bald war der Kontakt mit den kleinen Patienten nicht mehr so schwierig.

Die Atmosphäre der Hafenstadt sah ich nur im Spiegel unserer Patienten und war zutiefst erschüttert. Wir bekamen die Mädchen und jungen Frauen aus den Spelunken, krank geworden durch ihren Beruf. Im Spital total abgesondert und hinter Gittern gehalten, war die Art, in der sie behandelt wurden, so entwürdigend, daß es wie ein Alptraum auf mich wirkte. Zur Visite mußten sie nackt in einem großen Saal am Fußende ihrer Betten strammstehen, kein Intimschutz auch bei Untersuchung oder Behandlung. Wie ich zu diesem Bild kam, weiß ich nicht mehr. Schülerinnen wurden dort nicht eingesetzt. Es blieb mir wie ein grausiges Blitzlicht in Erinnerung, und Erbarmen mit diesen Menschen, denen man alles genommen hatte, überwog in mir.

Ich empfand von da weg mein Zuhause wie eine unverdiente Insel, behütet, bewacht, abgesondert, fast unwirklich, in einem wilden Ozean von Welt mit Krieg, Töten, Schamlosigkeit, Schänden und Gewalt. Diese meine kleine Insel wurde aber auch zum bewußten Geschenk, das ich empfangen habe, und zur Quelle der Kraft, tief zuinnerst, die mich in diesen wilden Jahren des Krieges vor dem völligen inneren Absturz bewahrte.

Wie wichtig war unsere Gemeinschaft aber auch, wie wichtig war das Hineinwachsen in den Beruf!

Auch im Krankenhaus waren wir konfrontiert mit Formen der Zerstörung und Beeinträchtigung im Leben des Menschen durch Krankheit, Alter oder sonstiges Mißgeschick, zunehmend durch die Monate auch durch die Gewalt des Krieges. Diese Beinträchtigungen reichen bis in die subtilsten Bereiche des täglichen Lebens hinein. Was war es für ein Geschenk, der Ohnmacht gegenüber, die wir erlebten, wenigstens in einem kleinen Bereich helfend tätig werden zu dürfen.

Die Zehn-Stunden-Tage haben uns rasch in die Arbeit hineinwachsen lassen. Die Stationen hatten etwa fünfzig Betten, größere Säle, für schwerkranke Patienten kleinere Zimmer. Das Stationsteam war klein, wir Schülerinnen im Ablaufgeschehen voll integriert, ein bis zwei Überstunden am Tag keine Seltenheit.

Zu unserer Ausbildung gehörte natürlich, in Röntgen und Labor so weit Bescheid zu wissen, daß wir einspringen konnten. Auch für spätere Einsätze in Übersee war das eine Voraussetzung. Genauso gehörte eine gewisse Übung in Massage dazu.

In dankbarer Erinnerung habe ich meine erste Stationsschwester. Sie führte mich mit einer Freude und Sorgfalt ein, die mein späteres Arbeiten bestimmen sollten.

Vieles, was heute so selbstverständlich zur Verfügung steht, war damals schlechtweg unbekannt, z.B. die Intubationsnarkose (die Äthernarkose war die Aufgabe der Schwester), Gerätemedizin, Antibiotika. Die Sulfonamide begannen gerade mit Prontosil bekannt zu werden. Auch ein großes Spektrum des medizinischen Basiswissens ist erst im Laufe der Jahrzehnte in zunehmendem Tempo und Umfang entwickelt worden. Diagnostik und Behandlung des Patienten waren vorwiegend angewiesen auf eine sehr sorgfältige Beobachtung durch alle Mitwirkenden und ein sensibles Reagieren darauf, auf eine enge und gute Zusammenarbeit aller Disziplinen und das Erfassen eines Gesamteindruckes vom Patienten.

Wir konnten zum Beispiel bei einer Lungenentzündung kein Antibiotikum verabreichen, wohl aber eine Extrawache, besonders nachts, zum Patienten setzen, die Kreislauf und Atmung so sorgfältig überwachte, daß mit Wickeln, Lüften, Lagern, Einreibungen und Kreislaufstütze in den meisten Fällen die Krankheit besiegt werden konnte. Auch damals wurden viele Patienten gebessert oder gesund entlassen. Darüber hinaus entstand ein ganz enges Schwester-Patienten-Vertrauensverhältnis, das im Heilungsverlauf eine sehr positive Rolle spielte. Die Extrawache war sehr oft die Aufgabe einer Schülerin, die ja jederzeit den ordnungsgemäßen Nachtdienst fragen konnte.

Ein wesentlicher Teil unserer Ausbildung lag daher in der Beobachtung. Sie wurde gespeist von den vielen kleinen Handgriffen der Pflege, die von uns Schwestern durchgeführt wurden. Es gab kein Delegieren an ebenfalls professionell ausgebildete Hilfskräfte. Die Schwester eines Saales kannte ihre Patienten, die Hautverhältnisse vom Waschen und Betten her, den Bewegungsumfang, Aktivitätsrhythmus, sein Tempo, wußte um Eß- und Trinkgewohnheiten, deren Menge und um seine Ausscheidungen. Sie konnte das Auffassungsvermögen abschätzen und erlebte im Kontakt mit Angehörigen seine Sozialisation. Es war ein langer Weg des Lernens, diese vielen neuen Eindrücke zu einem Bild zu formen, um damit den Patienten zu pflegen. Wir hatten weniger Medikamente als heute, aber sehr viele Berührungspunkte, „Kontakte". Das war ein großes Potential, aus dem heraus wir versuchten, im Patienten alle Selbstheilungskräfte zu mobilisieren und zu unterstützen. Das war eine Möglichkeit, im Krieg oft fast die einzige, die wir geben konnten und die oft erstaunliche Energien freisetzte, den Willen zum Gesundwerden und das aktive Mithelfen des Patienten. Es war ein Kämpfen um das Existentielle bei jedem einzelnen Menschen, ein Kampf, den wir nicht souverän von oben oder außen steuerten, sondern in dem wir partnerschaftlich unterstützende Arbeit leisteten. Es galt, die Kraftreserven aufzuspüren, sie bewußtzumachen und im Aufbauen Sicherheit und neuen Mut zu vermitteln.

Dieses Lernen war sehr intensiv, oft mit Fehlern und Mutlosigkeit verbunden. Und doch hatten wir den Willen weiterzumachen, wollten bestehen und in Afrika zum Einsatz kommen. Es war eine spannende, ungemein erlebnisstarke und reiche Welt, in die ich da eingeführt wurde und in der ich bis heute eine Lernende geblieben bin. Meine größten Lehrmeister waren die Patienten.

Meine kirchliche Bindung war nicht sehr stark, und doch hat mich eine Entdeckung sehr bewegt. Ich fand im Altarbild der evangelischen Kirche in Wilhelmshaven mein Konfirmationsbild, das über dem Meer schwebende Kreuz, das über meinem Bibelwort meine Konfirmationsurkunde schmückte. Das überzeugte mich, am rechten Weg zu sein. Zwei große Bitten haben mich aus dieser Zeit begleitet. Ich wollte ein wenig Freude zu diesen Menschen tragen, die uns in ihrer Not anvertraut waren. Ich erhoffte mir, immer Freude und Interesse an meiner Arbeit selbst wachzuhalten und vor einem Stumpfsein bewahrt zu bleiben.

In dieser Küstenregion gab es fast immer Wind, oft Sturm. Die niedrigen, strohgedeckten Häuser ducken sich hinter hohen Windschutzhecken, Bäumen und Büschen, die in diesem flachen, herben Land hinter dem Deich eine heimelige Nische bilden, in der es sich wohnen läßt. Den zweiten Schutz gegen das rauhe Klima trugen die Ostfriesen, wie eine zweite Haut, direkt auf dem Körper, das Ostfriesenhemd! Es ist aus weißer Schafwolle, meist zwei glatt, zwei verkehrt gestrickt, bis zum Ansatz der Beine reichend und mit halblangen Ärmeln. Es herrschte meist die Überzeugung, daß diese „Wollhaut" am sichersten vor aller Krankheit schützt, besonders aber vor Lungenentzündung. Darin liegt wohl ein durch Generationen erworbener Erfahrungswert und damit seine Berechtigung. Wir hatten manchmal den Verdacht, daß es mit dem Säugling mitgewachsen und nie gewechselt wurde. Es vom Körper zu nehmen bedeutete für viele eine echte existentielle Bedrohung. Und doch mußten wir es jedem Neuankömmling im Spital ausziehen. Manche Hemden waren im Laufe ihrer Zeit so angereichert, daß sie wie die alten Ritterrüstungen allein ohne ihren Inhalt zu stehen vermochten. Diese Maßnahme war ein klarer Auftrag an uns, den wir zu erfüllen hatten. Unser Ehrgeiz war es, es im Einverständnis mit dem Patienten zu erreichen. Wir entwickelten Einfühlungsvermögen, Überredungskünste, Ablenkungsmanöver und machten einen Sport daraus, die Zeit dafür zu stoppen, Vergleiche zu ziehen und uns gegenseitig zu beraten. In dieser Spanne Zeit, in der wir uns mit dem Patienten befaßten, lag eine Fülle an gegenseitiger Information, Aufbau von Vertrauen und ein erster Ansporn zu aktiver Mitarbeit. Damit wurde für uns das Wort „Ostfriesenhemd" zu einem pflegerelevanten Begriff und Symbol für eine kostbare Handlung.

Der Dienst begann um sechs Uhr. Die Mittagszeit war kurz und das Dienstende immer etwas unberechenbar, aber das Meer lockte. Durch eine Hinterpforte konnten wir mit den Rädern ungesehen zu einem kurzen Schwimmen entkommen. Bei Flut gab es kein Problem, aber bei Ebbe, bei der der Meeresspiegel beträchtlich absank, mußte am flachen Strand eine weite Strecke durch Schlamm watend zurückgelegt werden. Wir waren einmal früh dran, Mitte Mai, halb sechs Uhr morgens, und dachten nicht daran. Die Badehütten waren zugesperrt, eine Kompanie Soldaten absolvierte ihren Frühsport, der Dienstbeginn rückte näher, und wir waren bis zu den Knien mit Schlamm befrachtet. Der Vorgesetzte begriff unsere ratlosen Gesichter, kommandierte zwei Landser zum Wasserholen ab, so konnten wir, einigermaßen gesäubert, noch zum Dienst zurechtkommen.

Die Nächte waren unruhig und wurden es zunehmend mehr. Wir waren darauf geeicht, beim ersten Alarmton aus dem Tiefschlaf heraus in den Trainingsanzug zu schlüpfen, natürlich die Haube aufzusetzen, um beim Ausklingen der Sirene schon am Patientenbett zu stehen. Aufgewacht bin ich meist erst, wenn ich den ersten Patienten auf meinen vorgestreckten Armen spürbar liegen hatte. Der Transport in den Keller war fast immer ein Einmann(Einfrau)-Programm. Es mußte schnell gehen, waren wir ja nur wenige Schwestern und viele Patienten. Gute Hebetechnik und wohl auch meine Jugend machten es möglich, aber sicher auch der Druck der Ereignisse.

Anfangs stand uns nur der Kellergang für die Patienten zur Verfügung. Der Gedanke, daß uns tatsächlich eine Sprengbombe treffen könnte, war eine immer gegenwärtige Schreckensvision, waren doch unmittelbar über unseren Köpfen alle Heißwasserrohre frei verlegt.

Ein Arzt unseres Hauses zog es vor, im Parterre unter dem Röntgenzimmer Schutz zu suchen. Er schwor auf die millimeterdicke Bleieinlage in der Abgrenzung des Raumes. Wir standen oft mit ihm dort, den Blick durch die offene Einfahrt ins Freie, und sahen dem „Zauber" am Himmel zu. In den kurzen Pausen der Überfliegungen ging er hinaus und sammelte, wie er meinte, Bombensplitter auf. Es waren immer nur kleine Kokskügelchen, die wir respektlosen Schülerinnen ihm unbemerkt nachwarfen. Zurückgekommen malte er uns die Szenarien aus, wie er Kindern und Enkelkindern anhand der Splitter erzählen wolle, wie haarscharf sie neben ihrem Opa heruntergesaust wären. Seine Enttäuschung über den tatsächlichen Fund war rührend.

Fast jede Nacht überflogen die Engländer die Stadt. Für uns hieß das, die Patienten nachts ein- bis dreimal in den Keller und nach Entwarnung wieder zurück ins Bett zu bringen. Kaum waren die Patienten im Keller in Sicherheit, gingen wir in ein oberes Stockwerk. Selbst kein Licht machend, zogen wir die Verdunkelung zurück und sahen dem Geschehen am Himmel zu. Ein gigantischer Lichterzauber hielt uns gefangen, Garben von bunter Leuchtspurmunition, die in das Schwarz der Nacht die Ahnung des unendlichen Raumes hineinskizzierten, dazwischen Munition der Fliegerabwehr. Ab und zu trudelte ein getroffenes Flugzeug wie ein Schmetterling herunter. Das Ganze war begleitet von Zischen und Krachen und dem Aufschlag der Splitter, die aus der Höhe zurückfielen. Es gab auch vereinzelt Bombenabwürfe und Verletzte, aber noch hatte die Wirklichkeit in uns nicht Platz gegriffen. Und dann geschah es, ganz plötzlich. Die Briten setzten die Stadt mit Hilfe von ein paar Brandbomben in eine unheimlich flackernde, qualmende Beleuchtung. Da sahen wir zwei Pferde, in völlig verstörtem, irrem Lauf unsere Straße herauf taumeln, gespenstisch. Die Angst saß in ihren Augen und ihren grotesken Bewegungen.

Wir waren zutiefst betroffen, begriffen plötzlich die Todesangst, den ganzen unerbittlichen Schrecken des Krieges. Wir waren mit einem Male verstummt. Ich konnte plötzlich mein Verhalten vorher selbst kaum mehr verstehen. Von einer Betrachterin bin ich zur Betroffenen verwandelt worden. Wir schlichen aus dem Raum, die Faszination war dem Schrecken gewichen.

Noch waren es in erster Linie die durchziehenden Feindflugzeuge, die Städte im Binnenland bombardierten, also reine Überfliegungen. Ich schlief in diesen Wochen in einem schmalen Zimmer im oberen Stockwerk. Zwei Betten hintereinander und jeweils ein Nachtkästchen hatten Platz.

Es war Alarm, die Patienten waren alle in den Keller gebracht, da fiel mir ein, ich würde etwas aus meinem Zimmer brauchen, also hinauf und zum Fensterbrett vor. Das Brummen der Flugzeuge und die Schießerei war ich ja gewöhnt. Plötzlich ein Zischen hinter mir. Ich sah mich um, da lag ein brennender runder Stab zwischen mir und dem Ausgang. Mit der herausgezogenen Nachttischschublade konnte ich ihn im wahrsten Sinn des Wortes erschlagen, lief hinunter, meldete Brandbomben. Im Nu durchkämmten wir alle Dachbodenwinkel und oberen Zimmer, bildeten Wasser- und Sandketten und konnten die Brandherde löschen. Noch waren es nicht die später so gefürchteten Phosphorbrandbomben. In der näheren Umgebung war der Schaden beträchtlich. Von da ab bekamen wir Stahlhelme ausgehändigt und machten während der Alarmzeit unsere Kontrollgänge. Die uns im Laufe der zunehmenden Bombardierung zu diesem Zweck zugeteilten Marinekadetten, meist junge Burschen, fanden wir manchmal völlig verängstigt in einen Kellerwinkel geduckt sitzen.

Später wurde ein großer Betonbunker gebaut. Acht Meter hohe Betonpfeiler wurden zum Tragen des Fundamentes in den weichen Schlickboden gerammt, unvergeßlich, da die Nachtdienste bei diesem Lärm und der Erschütterung mit ihrem Schlaf zurechtkommen mußten. Bei der Dauer von vier Wochen Nachtdienst in einem und häufigerem Einsatz verhalf mir auch damals sicher meine Jugend trotzdem zu einem guten Schlaf.

Unser neuer Bunker war inzwischen so weit gebaut, daß wir ihn beziehen konnten. Allerdings stand, ausgenommen für Scharlach und Diphtherie, nur ein gemeinsamer, größerer Raum für die anderen Infektionsformen zur Verfügung, für jedes Krankheitsbild eine Ecke oder die Mitte. Da kauerten oder lagen die Kinder in Decken eingewickelt, allein oder in Grüppchen in ihren Winkeln auf dem Betonboden; die Kittel zum Wechseln daneben. Wir Schwestern waren unter ihnen, und wir warteten alle auf die Entwarnung. Der Transport erfolgte in einem kurzen Durchqueren des Gartengeländes zum Pavillon und ins Bett. Auf der Infektionsabteilung hatten wir zwei Geschwister liegen, eineiige Zwillinge. Sie waren an Masern erkrankt. Der Verlauf bei einem der Mädchen war erschreckend. Die Pusteln verfärbten sich dunkel, und das Kind verstarb innerhalb von 36 Stunden, ohne daß wir ihm helfen konnten. Die Eltern waren entsetzt und machten uns bittere Vorwürfe. Wir selbst waren sehr betroffen. Es wurde Pest vermutet, und wir zwei dort arbeitenden Schwestern kamen in Quarantäne. Das Tropeninstitut Hamburg diagnostizierte aber Mischinfektion mit Windpocken. Entscheiden mußten wir bei jedem Alarm neu, welche Patienten wir dem Risiko einer Mischinfektion aussetzten beziehungsweise wie wir die Gefahr eines Bombentreffers einschätzten. Die Zwillinge hatten wir nie in den Bunker gebracht, ihr Gesundheitszustand erschien uns von Anfang an sehr labil. Nach dem Tod des einen Mädchens war wieder Alarm, und wir ließen das kleine Mädchen im Zimmer, besorgt wegen der Gefahr einer zusätzlichen Infektion. Stark beunruhigt waren wir auch durch die Auffassung, daß eineiige Zwillinge zu ähnlichem Schicksalsverlauf neigen. Diese nächtlichen Bunkerstunden waren geprägt von Müdigkeit, Fatalismus und gleichzeitig einer fast unbewußten Kontrolle, ob sich ein Flugzeuggeräusch näherte oder von uns entfernte. Auch bei Bombenabwürfen, die immer in Serie stattfanden, war die Hörkontrolle automatisch. Wir gaben uns kaum Rechenschaft darüber. Plötzlich sprang ich aus diesem Dämmerzustand auf und lief ungeachtet des Splitterregens durch den Garten. Durch Fallschirmbeleuchtung war die Nacht zum Tag geworden. Ich riß das Kind aus dem Bett und auch die Decke, in die ich es im Lauf zum Bunker einschlug. Diese Nacht fielen viele Bomben, auch Brandbomben, wovon eine in diesem Bettchen landete. Der Brandschaden war erheblich. Das Mädchen konnten wir dann trotz aller Gefahren den Eltern gesund wieder zurückgeben.

Die Diplomprüfung ist in meiner Erinnerung untergegangen in den einprägsamen Ereignissen des Krieges. Ich hatte keine Lust, die trockenen Gesetze zu lernen und fiel auch fast durch. Die Prüfungskommission war freundlich und hatte einen rettenden Einfall. Wir waren ja bekannt unter dem Sammelnamen „Die lustigen oder die schlimmen Sieben", je nachdem, was wir ausgefressen hatten. So kam der Vorschlag, ob wir mit einer Gemeinschaftsnote zufrieden wären, es gäbe dann weder Vorzug noch Nichtgenügend. Vierzehn Tage vor der Prüfung war die Operation eines Myoms bei mir nicht mehr aufschiebbar, dadurch war auch noch ein mildernder Grund für mich gefunden. Nach dem Examen mußten wir noch das praktische Jahr im gleichen Haus ableisten, um die Berufsberechtigung zu bekommen.

Pflegebilder, wie sie der Krieg gezeichnet hat

Wenn ich heute rückschauend und rückempfindend diese Zeilen schreibe, so scheint es mir wichtig, Pflege in ihrem Wesen, ihrem Kern festzuhalten und zu vermitteln. Dies kann ich nicht durch eine Definition von Pflege, sie birgt die Gefahr in sich, durch ihre Knappheit zur Worthülse einzuschrumpfen. Ich will versuchen, Pflegebilder zu zeichnen, wie wir sie dieser Zeit abtrotzten. Eine Pflegevorstellung, die stark genug war, um sich der Vernichtung entgegenzustellen, standzuhalten und das Menschliche in uns zu bewahren.

Lazaretteinsatz

Unser Diplom hatte nun Gültigkeit. Die Hoffnung auf einen Einsatz in Afrika war durch die Ereignisse des Krieges verblaßt. Die Wirklichkeit zeigte uns das Leben in seiner Bedrohtheit. Ich war bereit, dort zu arbeiten, wo ich gebraucht wurde.

Es war September 1942, als mich die Oberin fragte, ob ich für einen Kriegseinsatz bereit wäre. Ich war es. War es doch die Aufgabe der Rotkreuz-Schwestern, in Kriegs- und Katastrophenfällen einsatzbereit zu sein.

Sieben Tage später war ich in Berlin auf der Kommandantur, faßte meine Bekleidung und wurde in Richtung Rußland in Marsch gesetzt. Es blieb mir gerade noch Zeit, meine befreundete österreichische Familie in Berlin anzurufen. Walter bat mich, den Hörer nicht aufzulegen, und dann kam durch die Leitung sein Geigenspiel an mein Ohr – der langsame Satz der kleinen Nachtmusik von W. A. Mozart. Sie war mir als Wegzehrung mit in das Chaos gegeben.

Acht Tage waren wir in einem langen Transportzug unterwegs, zwei Schwestern unter Hunderten von Soldaten, in alten Dritte-Klasse-Wagen mit Holzbänken und Gepäcksnetzen, durch Eisenträger gespannt und getragen. Zwei Soldaten schliefen auf den Holzbänken, vier am Boden dazwischen, und wir zwei hatten uns die Gepäcksnetze vorbehalten. Wir hatten dadurch etwas mehr Luft und weniger Tuchfühlung zu den Soldaten. An die Eisenrippen konnten wir uns gewöhnen. Schlimmer war die

Klo-Frage. Der Zug fuhr und hielt unberechenbar, meist auf freier Strecke. Die Felder waren abgeerntet, Buschwerk gab es fast nie, und wenn, waren andere oft schneller dort. Die Männer hatten es leichter, und trotzdem mußten auch sie, oft mit einer Hand die Hose haltend, auf den anfahrenden Zug aufspringen. Wir zwei mußten immer das Ende des Zuges erreichen, um hinter dem letzten Wagen Schutz vor den vielen Männeraugen zu finden. Die Angst, den Wagen nicht mehr zu erreichen und plötzlich irgendwo im russischen Land zurückzubleiben, saß uns tief in den Gliedern. Es sollte viele Jahre brauchen, bis ich mit viel Sorgfalt und Zeit Frieden mit meiner Verdauung schließen konnte.

Am Nordostende des Asowschen Meeres, in Rostow, war eine Nacht Unterbrechung am Bahnhof. Auf dem lehmigen Boden lagen alle, die mit uns den Zug geteilt hatten. Wir wollten nicht mehr. War uns doch in Berlin gesagt worden, wir stünden im Rang von Offizieren. Wir zwei Frauen machten uns in der stockdunklen Nacht in der russischen, zerschossenen Stadt auf, die Offiziersunterkunft zu suchen. Die Angabe dazu: zwei Gassen links, dann eine Gasse rechts, einmal geradeaus ... Wir tasteten uns an Hausmauern entlang über Schuttkegel hinweg und erreichten das Ziel. Eine sehr kühle Stimme antwortete auf unser Klopfen und Fragen: „Für Frauen ist hier kein Platz." Dann war Funkstille. Also zurück. Im Zorn fanden wir noch die richtigen Ecken und den Bahnhof. Wir durften uns das Bettgestell der diensthabenden Hilfskraft des Bahnhofes teilen. Den nächsten Morgen ging es weiter Richtung Kaukasus, nach Worosilowsk. Langgezogene, ungegliederte Bergrücken schoben sich, wie Robbenleiber, vom Süden heran als Vorboten des großen Gebirgszuges. Meine Fahrtkameradin war richtig gelandet, ich fehlgeleitet und mußte wieder nach Rostow zurück.

Diesmal wurde ich, um nicht mehr Zeit zu verlieren, in ein Flugzeug gesetzt, eine JU 52, die ich noch öfter benützen sollte.

Mein erster Flug. Hoch über einem Wolkenmeer, weit im Süden die Bergsilhouette des Kaukasus ließ mich den Krieg und alles andere vergessen. Ich war hingerissen. Ein Militärfahrzeug brachte mich dann von Rostow auf tiefgefurchten Lehmstraßen nach Schachty, in das Kriegslazarett 601, dem ich, mit wenigen Ausnahmen, bis zum Kriegsende zugehörig blieb. Endlich kamen abends die Stiefel von meinen Füßen.

Unser Lazarett hatte 1000 Betten für Schwerstverletzte mit Stationen zu je 100. Leichter verwundete Soldaten wurden gleich weiter nach hinten transportiert. Es gab normale alte Eisenbetten mit Sprossen an den abnehmbaren Fuß- und Kopfteilen und einem Metallspiralengitter als Liegefläche, auf die Matratzen kamen. Die andere Sorte nannte sich Olympiabetten, ein relativ niederes Metallrohrgerüst, übereinander aufstockbar, das mit einer Art Zeltplane bespannt und darauf mit Matratzen belegt wurde.

Wir hatten insgesamt sechsundzwanzig Diplomschwestern, zwei pro Station, die anderen für Röntgen, Operationssaal und Diätküche. Ferner hatte jede Station ein bis zwei Sanitäter, ein bis zwei angelernte Hilfskräfte (Volksdeutsche, die am Vormarsch angeworben wurden) und vier russische Gefangene für Transporte im Haus und zum Säubern der Böden. Der Nachtdienst wurde reihum von den Diplomschwestern geleistet, eine für zwei Stationen, verstärkt durch je einen Russen pro Station (in Ausnahmefällen wurden auch vier Stationen zusammengelegt).

Die häufigsten Verletzungen waren Gelenksdurchschüsse, Bauch- und Lungenschüsse und Minenverletzungen. Meist waren es Mehrfachverletzungen. Kopfverletzte hatten wir seltener zur Betreuung, da es für sie eigene Lazarette gab. Nur wenn die Transportwege blockiert oder vermint waren, bekamen wir auch sie. Es kam auch vor, daß wir ein oder zwei Patienten darunter hatten, die aufstehen und humpeln konnten. Sie waren dann, je nach Vermögen, getreue Helfer. Auf den internen Stationen standen Gelbsucht, Durchfallserkrankungen, Fleck- und Sechstagefieber im Vordergrund.

Kaffee und Tee für Frühstück und Abendessen sowie das Mittagessen bekamen wir aus der Zentralküche. Die Brote für Frühstück und Abendessen mußten wir selbst streichen. Dazu kam natürlich die Körperpflege, Betten, Lagern, Medikamenten- und Injektionsverabreichung, Essen-Eingeben bis zu den Problemen der Ausscheidung. Bei der Minimalbesetzung der Stationen ein gerüttelt Maß an Arbeit. Der Dienstbeginn war gegen vier Uhr. Wir lagen ja sehr weit östlich, es wurde früh hell und früh dunkel am Abend. Der Dienstschluß ist mir nicht mehr erinnerlich.

Sehr rasch wurde mir bewußt, daß ich in einer extremen Männerwelt gelandet war. Kaum angekommen, waren die ersten Einladungen für den Abend da, von Ärzten, Zahlmeistern und sonstigen Chargenträgern. Ich wußte auch, daß dabei mit Alkohol nicht gespart wurde. Meine diesbezügliche Erfahrungslosigkeit verunsicherte mich sehr. Meine Stationsschwester Selma wußte Abhilfe. Sie braute verführerischen Eier- und

Schokoladelikör. In unserem Schlafkämmerchen auf Station (zwei Betten, zwei Nachtkästchen und zwei Koffer) lagen wir abends im Bett, jede mit einer Flasche, prosteten uns zu, tauschten die Köstlichkeit, bis ich plötzlich nicht mehr wollte. Da meinte Selma: Ich wirke noch völlig kontrolliert, habe aber ein gutes Gefühl meiner Grenze, ich müsse nur achtsam darauf hören. So war es auch. Ich vertrug eine Menge und blieb immer noch frei und bewußt in meinem Tun. Manches habe ich durch ein freundliches Wort und einen gemeinsamen Trunk an Ausnahmen für meine Patienten erreicht. Ich lernte auch, aufgezwungene Mengen in Blumentöpfe, unter den Tisch oder am Kopf vorbei hinter mich zu bringen. Ich hatte das große Glück, gegen Alkohol nicht suchtanfällig zu sein. Dieses Taxieren beim Herumgereichtwerden in der gehobenen hierarchischen Ebene fand ich aber so entwürdigend, daß sich meine innere Abwehr dieser Männerwelt gegenüber sehr entschieden bildete.

Die Arbeit auf der Station verlief aber korrekt und mit größter Sorgfalt den Verwundeten gegenüber. Gemeinsam kämpften wir um jeden einzelnen unserer Patienten. Die Einheit setzte sich hauptsächlich aus Preußen, Berlinern und einigen Sachsen zusammen, ich war die einzige Österreicherin darunter.

Die Behandlung bot damals noch nicht die Möglichkeiten von heute. Die chirurgischen Eingriffe waren oft groß, die Wunden meistens verschmutzt, infiziert. Antibiotika gab es immer noch keine, Prontosil-Tropfspülungen bei zerfetzten, eiternden Wunden waren oft die einzige Möglichkeit.

Betten, Lagern, Hautpflege und, so gut wie möglich, sorgfältige Ernährung waren ein wichtiger Anteil der Pflege, oft durch die Mehrfachverletzungen sehr schwierig. Die andere große Chance und Aufgabe war, den Lebenswillen bei Schwerverletzten wieder wachzurufen. Wir setzten alles ein, was wir konnten: Herausfinden, ob daheim jemand wartet, Frau, Kinder, Eltern, Geschwister oder Freunde, ein Hof, der zu bestellen ist, ins Gespräch kommen darüber, es emotional wieder ins Gedächtnis bringen. Es war ja kaum Zeit für das Gespräch, aber die Zeit beim Betten, Essen-Eingeben, bei den Nachtdienstrunden – ein wenig ging immer wieder. Wir sahen täglich bei den Neuzugängen die Geburtstage durch und überraschten mit einem Lied und, wenn wir nichts anderes hatten, mit zwei zusammengelegten Keksen mit Butter, wenn möglich, war eine (oft gestohlene) Blume dabei oder ein buntes Herbstblatt. Wir nützten die Zeit, wenn Depressive zum Röntgen oder in den Operationssaal gebracht wurden, um mit den Zimmerkollegen darüber zu sprechen, sie sollten die Betreffenden stärker in das Gespräch mit einbeziehen. Notfalls wäre der Versuch zu machen, sie durch Ärgern emotional in Bewegung zu bringen, damit sie durch die Selbstverteidigung die eigenen Gefühle wieder erlebten und so aktiv in die Gemeinschaft mit den anderen eintreten könnten. Darauf konnte weiter aufgebaut werden. In dieser Extremsituation, sehr behutsam eingesetzt, half diese Methode fast immer. Die Mithilfe aller Patienten war immer ganz wunderbar. Wir besorgten lange Weidenruten, mit denen es möglich war, von Bett zu Bett Karten zu spielen. Den Sonntag feierten wir mit einem Lied, das wir zu zweit, bestenfalls zu viert sangen. Zu Ostern hüpfte ich einmal mit einer Hasenschwanzquaste auf meiner Diensttracht auf allen vieren durch die Patientenzimmer. Wir waren bereit, Betten umzuschieben, um aufkommende Freundschaften zu unterstützen. Oft gelangen diese kleinen Dienste erst am Abend, wenn die Station dem Nachtdienst übergeben war. Wir versuchten, den Zivilberuf des Soldaten zu erfahren, um uns irgendeinen persönlichen Rat von ihm zu erbitten. Allein, daß wir Frauen waren, so weit vorne an der Front, war für manche eine innere Aufforderung, wieder aktiv am Leben teilzunehmen.

In geschützteren Zeiten starben uns wenige Patienten, die meisten konnten wir mit Lazarettzügen und Flugzeugen verlegen. Zur Beerdigung der verstorbenen Soldaten wurden jeweils auch zwei Schwestern der Einheit abkommandiert. Es waren dort Massengräber, in die die Toten während einer schlichten Feier, von unserem Pfarrer oder Priester gehalten, hineingelegt wurden. In großen Notzeiten konnte von den Stationen niemand teilnehmen.

Kurze Zeit half ich als „unsterile Schwester" im OP aus. Ich hatte aufmerksam hinter der Instrumentenschwester zu stehen, sie zu beobachten, und wenn ihre Ohrläppchen weißlich wurden (sie vertrug das lange Stehen schlecht), hatte ich sie unter dem sterilen Kittel am Oberkörper aufzufangen, auf mein gebeugtes Knie in Schräglage zu bringen, ihr mit sterilem Tupfer den Schweiß von der Stirne zu wischen und, sobald Farbe in ihr Gesicht kam, sie wieder aufzustellen. Sie war im Team so gut und auch glücklich, daß alle damit zufrieden waren. Die eingeübte „Unsterile" tauchte wieder auf, und ich konnte auf meine Station zurück.

Die gefangenen Russen, die bei uns zur Arbeit eingesetzt wurden, waren gutmütige, fleißige Helfer. Als Gefangene waren ihre Essenszuteilung, auch ihr Eßplatz unterschiedlich von unserem. Im Nachtdienst, wo jede Fremdkontrolle fehlte, teilten wir Essen und Platz mit ihnen, halfen sie doch mit, auf ihre verwundeten Feinde zu schauen. Da war Tanja, die einzige russische Frau, eine Georgierin, als Gefangene auf unserer Station zum Einsatz. Auch wenn wir ihre Sprache nicht konnten, wußten wir einiges von ihr. Ihr Mann war beim Vormarsch der Deutschen verwundet worden und verstorben. Sie war ihm nachgefolgt, hatte ihn gepflegt und blieb über den Frontenwechsel an dieser Stätte. Sie wurde bei uns zur Arbeit herangezogen. Während wir Pelzjacken, Hosen, gefütterte Stiefel zu unserem Kleid und Häubchen trugen, hatte sie ein durchscheinendes Fähnchen von Kleid, das sie anscheinend Tag und Nacht trug. Sie sah trotzdem immer sauber aus. Sie tat ihre Arbeit ernst, mit Würde bei uns, ihren Feinden, in Korrektheit. Ich bewunderte sie. Dann gab es Ivan, der mir im Nachtdienst immer wie ein befreundeter Diener von weitem entgegeneilte, um mir die Türen zu öffnen. In seinem Mongolengesicht, durch freundliches Lächeln noch mehr in die Breite gezogen, ließen die schmalen Lidschlitze die pechschwarzen Augen nur mehr ahnen. Ich war jedesmal gerührt und beschämt über das Wohlwollen, das ich in diesem von uns besetzten Land erfuhr.

Unser Inventar und unsere Lebensmittelvorräte wurden von den Russen respektiert, nur unsere Decken und Thermometer waren steter Schrumpfung unterworfen. Es wurde Aufgabe der Nachtschwester, den Bestand zu sichern. Mit russischer Pelzmütze über der Haube vor Kälte geschützt, hatte sie nach dem Dienst am Marktplatz der Stadt die Decken und Thermometer wieder zurückzukaufen. Da kauerten die Russen über dem gefrorenen Lehmboden, da drei, dort vier Thermometer oder Decken feilbietend. Wir handelten tragbare Preise aus, oft mit Humor und Schmunzeln, und gönnten ihnen den kleinen Gewinn in dieser schlimmen Zeit. Es kam unser Sold zum Einsatz.

Meine Erinnerung an die Stadt ist spärlich. Niedere Katen, oft mit Stroh gedeckt, und Häuser, wie einfache Schachteln anmutend, die in weiten Abständen in den nackten Lehmboden abgesetzt waren, breite, durch viele tiefe Fahrrinnen gekennzeichnete Straßen, dazwischen spitze, schwarze, kegelförmige Kohlenhalden, wie willkürlich in der Siedlung verstreut aufragend. Unser Gebäudekomplex war groß, vielleicht war er vorher auch Krankenhausbereich. Die Türen hinten hinaus gingen in die

Steppe. Es sollen sich ab und zu Wolfsrudel bis dicht an die Stadt herangepirscht haben.

Wenn die Front näher kam (ich erlebte im Herbst 1942 gerade den Beginn des unaufhaltsamen Rückzuges), war wohl die Freude der Verwundeten groß, deutsche Frauen zu sehen. Mit wieviel Zartheit ließen sie uns das spüren, aber gleichzeitig konnten sie die Angst um uns nicht verhehlen: Ihr müßt weg, ganz schnell, die Russen kommen! Was bedeutete das in der Wirklichkeit? Wir mußten abziehen und den Rest der Patienten, die nicht verlegungsfähig waren, an ein kleines Feldlazarett übergeben. Nicht verlegungsfähig war, wer so schwer verletzt und gesundheitlich so schlecht dran war, daß er den Transport allein schon nicht überleben würde. Es waren genau die Patienten, um die wir uns am meisten bemühten. Die Front rückte so schnell zurück, daß die Schwerversehrten in kurzer Zeit auch vom fliehenden Feldlazarett zurückgelassen würden. Was das bedeutete, war allen klar. Das hieß ohne Schutz, ohne Versorgung, kurz, im Niemandsland zu sein, bis sich der Russe dies Stückchen eigener Erde zurückerobert hatte. Gefangenschaft ohne Chance.

Zu dieser Zeit lag eine Kollegin aus einer anderen Einheit in unserem Krankenrevier, eine Kärntnerin. Zu ihr flüchtete ich, barg meinen Kopf in ihrem Schoß und versuchte, meine Gedanken zu ordnen. Es war ein Gespräch zwischen Gott und mir, ohne hörbare Worte, unter dem Schutz eines Menschen. Ich konnte mit der Realität nicht mehr umgehen. Es formte sich der Entschluß, zu bleiben, mich zu verstecken, wenn die anderen abgezogen würden, um in der Zeit, wo keine Versorgung möglich sein würde, bei meinen Patienten zu sein. Alle möglichen Bilder liefen dann realbezogen in meiner Phantasie ab, eigentlich ein Drama von Hilflosigkeit, Vergewaltigung, mit einem Fünkchen Hoffnung, ich könnte doch überleben. Ich versprach es innerlich, beruhigte mich langsam, bedankte mich für den stillschweigenden Schutz und ging auf meine Station. Daß ich dieses Versprechen dann einfach übergangen habe, sollte mich viele Jahre belasten.

Dieses ganze Elend von Gewalt, von Leid, das Menschen bewußt dem Menschen antaten, von meiner Ausgesetztheit als Frau, von meiner Hilflosigkeit zwischen dem, was mein Gewissen sprach, und dem, was ich tun mußte – all das verdichtete sich in diesen Bildern, verschmolz unentwirrbar. Es blieb für mein Leben als Angst vor intimer Berührung mit einem Mann in mir zurück. Erst bei dem Versuch, diese Zeit Jahrzehnte später in

Worte zu fassen, zu ordnen, sollte ich plötzlich erkennen, warum mir ein Leben in Ehe und mit Kindern, auf die ich mich gefreut hätte, verwehrt war.

Wir bekamen ein kleines Trüppchen humpelnder Soldaten kurz vor dem Heiligen Abend 1942, einige Verwundete, die sich noch aus Stalingrad retten und zu uns durchschlagen konnten. Weihnachten kam. Es war bedrückend. Unser katholischer Pfarrer hatte einen kleinen Schwesternchor aufgebaut. Am 24. Dezember gingen wir von Zimmer zu Zimmer und sangen unsere Lieder, und das bei vollem Belag der 1000 Betten. Um zwei Uhr nachts kam ich stockheiser und erschöpft zu meinem Bett, zu müde, um auch nur eine Zeile meiner aufgehobenen Post zu lesen, und schlief unter Tränen ein.

Russische Bomber legten einige Bomben in der Stadt rund um unser Lazarett. Wir waren ohne Wasser und ohne Strom. Alle Fensterscheiben waren zerbrochen. Kälte und Schnee krochen in die Räume. Butterbrotschmieren hieß, mit einer Hand ohne Pelzfäustling arbeiten, die Pelzjacke wurde Arbeitskleidung. Zwei Pferde schafften es, pro Tag zweimal eine riesige Wassertonne Trinkwasser in unser Lazarett zu bringen. Küche und OP hatten Vorrang, Kaffee, Tee und Suppe waren berechnet, auch die Nahrungszubereitung. Für Waschen und die Entlausung blieb nichts übrig. Wir versuchten, für unsere Bettenstation Waschschüsseln aufzustellen, um Schnee aufzutauen. Aber wir hatten nur wenige Schüsseln, und die Räume waren ja auch kalt. Kleiderläuse gehörten bald zu unseren ständigen Begleitern. Abends kam die mühsame Arbeit dazu, die Stoffnähte unserer Kleider und Wäsche abzusuchen, wo sich die Läuse gerne versteckten, und dies bei Licht von Hindenburgkerzen (mit den heutigen Teelichtern vergleichbar). Es gab keinen elektrischen Strom. Der Akku schaffte es gerade noch für den pausenlosen OP-Betrieb. Und das in den langen Winternächten. Die Spritze und den Alkoholtupfer in der einen, die Kerze in der anderen Hand, wie oft mußte der Weg zum Patienten zweimal gemacht werden, da durch einen Windstoß oder beim Öffnen der Türen der Alkoholtupfer doch in Flammen aufging. Unsere Bekleidung war voll Wachstropfen.

Ich hatte wieder Nachtdienst. Mein Zimmer zum Schlafen bei Tag lag in dem riesigen Gebäudekomplex an einem Flügel ganz außen. Es war ein großes Zimmer, fast leer, nur das Bett, ein Stuhl, ein Tisch. Ein Arzt baute mir auf russische Art einen Stubenofen aus Lehm und Pferdemist. Es war der schönste Ofen, den ich jemals gesehen habe. Eine Nische für meine Kaffeetasse, eine zum Sitzen, Mulden zum Wärmen der Hände und ein Höcker zum Trocknen meiner Jacke. Rost, Ofentüre und ein Rohr zum Fenster hinaus wurden „besorgt".

Aber mein berühmt guter Schlaf war wie weggeblasen. Nur kurze, völlig erschöpfte Schlafzeiten kamen zusammen, und abends trat ich völlig gerädert zum Dienst an. Alle versuchten, mir zu helfen. Aber vergeblich! Nüchtern, in der Früh, bekam ich eine große Schale kräftigen Krim-Rotweins, aber auch die Evipantablette half nicht. In dem Augenblick, in dem ich merkte, daß sich mein Körper zu entspannen begann, wehrte sich etwas in mir, so daß ich alle Energie brauchte, um mich wach zu halten. Nach einer halben Stunde lag ich wieder hellwach und schweißgebadet in meinem Bett. Erst ungefähr zehn Jahre nach Kriegsende konnte ich verstehen, daß mein in der Stille gefaßter Entschluß zu bleiben die Ursache war. Mein Körper entschied sich anders. Er hatte anscheinend Angst, ich könnte von den anderen vergessen werden, er wollte unbedingt leben.

Ich mußte achten, daß nachts kein Leerlauf blieb. Die Zeit zwischen zwei und halb drei Uhr war trotzdem gefährdet. Zum Teil halfen mir die im Sessel verborgenen Wanzen, zum Teil die eisern durchgeführten Rundgänge, zum Teil die aufregenden Krimis, die ich mir sorgsam von meinen Patienten aussuchen ließ. „Jeder Satz muß spannend sein!" Trotzdem war das drohende Nickerchen eine Gefahr. Ein beinamputierter Soldat verblutete in so einer schlimmen halben Stunde meiner inneren Abwesenheit. Wenn ich auch nicht weiß, ob ich bei meinen damals 400 Patienten in zwei Stockwerken, die ich nachts betreuen mußte, zur richtigen Zeit an seinem Bett die Nachblutung erkannt hätte: Belastend blieb es für mein Leben.

Einerseits empfand ich die persönliche Schuld, die aus meinem eigenen Unvermögen entstanden war. Auf der anderen Seite stand die Übermacht der Verhältnisse, Belastungen, die weit über unsere Kräfte gingen.

Unsere gefangenen Russen wurden seltsam unruhig, und eines Tages blieben sie weg. Die Arbeit mußte auch ohne sie gehen.

Ich war wieder im Tagdienst, mein Nachtschlaf normal, nur wurden die Tage hektischer. Je näher die Front rückte, um so schneller bekamen wir die Verwundeten, zuerst nach einer Erstversorgung durch das Feldlazarett und dann direkt vom Kampffeld. Sie wurden in Lastwagen über die holprigen Straßen angebracht, zu eng geschlichtet, zum Teil aufeinander und ab und zu Tote darunter. Wir waren im Nu überbelegt. Auf den Stiegenabsätzen und in den Gängen lagen sie auf aufgeschüttetem Stroh und warteten auf Hilfe. Zu allem anderen kam nun noch der Staub dazu. Je nach der Richtung des Windes war das Grollen des Frontgeschehens zu hören. Dann kam der Befehl. Innerhalb weniger Stunden mußten wir alles Inventar eingepackt haben, und alle Frauen mußten abfahrbereit sein. Die verlegungsfähigen Verwundeten wurden je nach körperlichem Zustand und Verletzungsgrad für den Flug- oder LKW-Transport versorgt, mit Gipsen, Behelfsschienen und Wärmepäckchen.

Übrig blieben die Schwerstverletzten, sie ließen uns gehen, ohne Vorwurf. Sie trieben uns sogar an: Ihr müßt schnell weg! Kein Vorwurf kam, obwohl wir Luftringe und Zusatzpolster einpacken mußten. Nur ihre großen, weiten Augen aus den fiebrigen, ausgezehrten Gesichtern ließen ihre Hoffnungslosigkeit ahnen.

Mein geheimer Vorsatz kam nicht in mein Bewußtsein. Wie halb betäubt arbeitete ich mechanisch. Es war wohl eine Schutzfunktion bei dieser Kette von unsäglichem Leid, in der wir tätig handelnd eingebunden waren. Die Erinnerung an diese Zeit ließ kein Fünklein Farbe mehr zu, es sind Bilder in strengem Schwarz-Weiß, fast wie durch Schleier verborgen.

Ich erlebte mich erst wieder, als wir Frauen (Helferinnen und Schwestern) einen Viehwaggon bezogen. Ein Mann wurde uns zugeteilt, da wir die vereisten Türen nicht allein öffnen konnten. Die anderen Männer wurden erst nach der vollständigen Übergabe an das Feldlazarett abgezogen und stießen später wieder zu uns. In unserem Wagen war in der Ecke auch eine typhuskranke Kollegin untergebracht. Für die Notdurft stand ihr ein Blechkanister zur Verfügung, und zwei von uns hielten bei Bedarf jeweils eine Decke als Sichtschutz in die Höhe. Wir anderen mußten uns nach den unregelmäßigen Haltezeiten des Zuges richten. Wir waren über 35 Leute im Waggon. Stroh als Unterlage, lagen wir Kopf bei Fuß geschlichtet, Koffer und Taschen unter Kopf oder Füßen und mit einer Decke. Von Wagendach und Wänden glitzerten die Eiskristalle. In der Mitte des Wagens gab ein Kanonenöferl etwas Wärme. Das schwammige, feuchte Kartoffelbrot knusprig zu rösten war ein beliebter Dienst für alle. Zwar wurde dadurch die Luft beißend scharf, aber die Hände warm.

Wir waren nur einige Tage unterwegs, als unser Zug, an den wir angehängt waren, an einer kleinen Station an einem Flüßchen festgefahren schien. Wir standen ohne Lokomotive neben einem Zug voll rumänischer

Hilfssoldaten. Plötzlich entstand Bewegung an diesem kalten, verhangenen Wintertag. Maschinengewehrfeuer knatterte, und auch schwere Munition mußte dabeigewesen sein. Die rumänischen Soldaten sprangen aus den Viehwaggons und machten sich zu Fuß im Schnee landeinwärts davon. Unser Arzt berichtete nach kurzem Erkundungsgang, sie würden die Eisdecke des Flusses sprengen. In Wirklichkeit war es eine russische Fallschirmtruppe, die wohl den Rückzug unserer Truppen blockieren sollte. Unsere Reaktion war sehr auf das Praktische gerichtet. Das Brennmaterial war fast am Ende. Der Zug neben uns war unbewacht, und wir holten, was möglich war. Die Oberschwester handelte mit einer Flasche Wodka und Zigaretten eine Lok für uns ein. Wir waren wieder flott und fuhren nach Rostow weiter. Es war Jänner 1943. In diesen Wochen fiel Stalingrad.

Womit wir unsere Tage wirklich zubrachten, ist mir nicht mehr erinnerlich. Wenn wir in Stationen hielten, bildeten sich stets Trauben von Zivilisten, tauschbereit mit Herrlichkeiten, die wir für Zigaretten bekamen. Wir faßten ja unsere Ration wie die Soldaten, rauchten aber selbst nicht. Tauschen wurde eine Leidenschaft: Zigaretten gegen Eier, Eier gegen Seife, Seife gegen ein Huhn, das Huhn wieder gegen Eier. Die Henne mußte gehütet werden, entkam, mußte unter den Waggons gejagt und gefangen werden und hielt uns in Bewegung. Es war gut, sie wieder loszuwerden. Gesungen wurde manchmal, erzählt und vor sich hin gedöst. Einmal hielten wir neben einem Lazarettzug. Auch die Verwundeten lagen auf Stroh. Wir konnten kaum helfen. Wir hatten und bekamen kaum Verbandzeug, Papierbinden. Sterbende lagen zwischen Verletzten, niemand, der sich wirksam kümmern konnte. Bedrückt, selbst entmutigt und hilflos mußten wir wieder in unseren Zug, um weiterzufahren. Es sind Bilder der Trostlosigkeit, die mein Gedächtnis aufbewahrt hat.

Unsere typhuskranke Schwester konnten wir genügend weit im Hinterland in einem Kriegslazarett zur Pflege und Behandlung abgeben.

Ungefähr nach drei Wochen hatten wir die Strecke Schachty – Rostow – Dnjepropetrowsk und Nikolajew bewältigt. In Niko, wie wir es nannten, sollten wir wieder für einige Monate Wurzeln schlagen.

Nikolajew liegt am Bug, kurz vor der Mündung zum Schwarzen Meer. Der Südwind trieb das Salzwasser bis zur Stadt nach Norden hinauf. Vom Norden der Stadt fließt der Ingul dem Bug zu, durch Windungen träge, stellenweise fast zu Seen verbreitert.

In diesen fast drei Jahren meines Kriegseinsatzes waren die einzigen zwei freien Nachmittage von einem Teil der Belegschaft zum Schwimmen im Bug genützt worden. Das körperliche Erleben dieses großen Stromes war wunderbar, seine Sanftheit in Ufernähe und gegen die Mitte seine fast unheimlich mächtige Strömung. Zwei verlängerte Mittagspausen nützte ich auch zum Baden im Ingul. Wie anders war er als der Bug. Schilf und Wasserpflanzen bis tief in die Mitte. Es begleitete mich ein Schlänglein die längste Zeit. Mir kam vor, als beobachtete es mich neugierig. Die Kate, in der wir uns umziehen durften (solche Unternehmungen waren nur mindestens zu zweit erlaubt), barg nur das Nötigste: Bett, Tisch und zwei Stühle, die Feuerstelle, ein gestampfter Lehmboden, Lehmwände und ein Strohdach. Die alte Frau war freundlich.

Die Stadt selbst hatte ich kaum wahrgenommen. In meiner Erinnerung sind einstöckige Häuser mit einer Außenstiege zum oberen Stockwerk, gepflasterte Straßen mit einem belassenen Grünstreifen bis zum Haus hin, die Straßen breit angelegt. Wieder war es ein großer Gebäudekomplex, den unser Lazarett bezog. Auf unserer Station wurde ich zu Testzwecken durch die frisch desinfizierten Räume geschickt. Ich brachte prompt einen Floh mit heraus. Es war nur Neugierde und hatte keine verzögernden Konsequenzen.

Wir waren diesmal weit hinter der Front gelandet. Das erstemal, seit ich „draußen" war, sah ich SA-Männer, wegen ihrer khakigelben Uniformen hießen sie bei uns Kanarienvögel. Sie waren bei den Frontsoldaten unbeliebt und blieben nicht lange. Ebenso die Frauengruppe KdF (Kraft durch Freude). Beide waren, als die Front näher kam, nicht mehr zu erblicken.

Schon seit dem Abzug von Schachty und dem Fall von Stalingrad standen wir unter dem Zeichen des verlorenen Krieges. Wir hatten damals mehrere Kopfverletzte. Das Speziallazarett dafür mußte fliehen, und wir bekamen die leichteren Fälle. Sie hielten uns mit ihrer Unruhe in Atem, mit ihrem Zwang, aufzustehen, den Kameraden im Schützengraben abzulösen. Anbinden war undenkbar, es hätte sie zur Raserei gebracht. In ihrer Verwirrtheit legten sie sich gerne wieder ins Bett, wenn wir ihnen versprachen, daß wir die Wache für sie übernehmen würden. Die Kopfverletzten waren meist junge Männer, auch Sechzehnjährige waren darunter, fast Kinder. Diese Jugendlichen waren in der Heimat zum Straßenbau eingezogen worden. Sie wurden ohne richtige soldatische Ausbildung in Eile an die zusammengebrochene Ostfront verlegt und dort regelrecht geopfert. Ohne Fronterfahrung hatten sie noch nicht gelernt, ihren Kopf im Schützengraben zu verbergen. Besonders durch Minen Verletzte standen unter schwerer Schockwirkung, schrien und waren oft verwirrt, riefen nach ihrer Mutter. So spannte sich der Bogen unseres Rollenbewußtseins vom wachablösenden Kameraden bis hin zur tröstenden Mutter.

Ich hatte wieder Nachtdienst und konnte mir die Zeit daher etwas besser einteilen. Da fiel mir ein Kopfverletzter durch seine seltsam aufmerksame Unruhe auf, er hatte die Sprache verloren. Ich holte die ABC-Tafel für die Augenuntersuchungen, und dann wählte er unter großer Konzentration langsam die Buchstaben aus, bis ein „Butterbrot" herauskam. Wir strahlten beide, und er ließ es sich dann gut schmecken. Nach konsequentem Üben des Nachts wurden die Wortbilder wieder erinnerlich, und auch die Sprache kam wieder ganz zurück, nur seine Feldpostnummer verweigerte ihm das Gedächtnis.

Willi, einer der wenigen Namen, die ich behalten habe, machte uns große Sorgen. Er war jung, an die zwanzig Jahre alt und hoch fiebernd. Der rechte Unterschenkel war amputiert, das linke Knie zerschossen, das Becken gebrochen, am Rücken Splitterverletzungen und ein Arm mit Schußbrüchen, die Wunden durch Erde infiziert und eiternd. Ein Matratzenteil unter Kopf, Schultern und Oberkörper war die einzige feste Unterlage. Ein Teil des Rückens, Becken und Beine waren mit Hilfe von Schlaufen, Nägeln und Klammern an einem Gestänge schwebend aufgehängt. Willi wollte nicht mehr, verweigerte das Essen und wurde von Tag zu Tag weniger. Die ganze Zimmerbelegschaft half mit, ohne Erfolg. Da gab es gerade noch die Frauengruppe KdF, deren Aufgabe es war, die Stimmung der Soldaten zu heben. Sie hatten gebratene Hühnchen und Zigaretten anzubieten. Willi, der ja erbarmungswürdig aussah, wurde von ihnen sehr bedrängt, und da gelang das Wunder. Beim Hendl sagte Willi plötzlich trotzig: „Ja, aber ein lebendiges." Die Damen waren ratlos. Aber wir respektierten Willi und unterstützten ihn. Bis das Huhn gebracht wurde, hatten wir vom Stationsarzt auch die Erlaubnis dazu. Es waren sowieso alle Wunden vereitert. Das Huhn lebte fortan in einer Obststeige unter Willis Bett, sicher eine Novität einer chirurgischen Station. Es durfte nicht geschlachtet werden. In der nächsten Zeit entwickelte sich ein Ritual. Drei Eckchen Hartwurst-Butterbrot und zwei mit Käse bestellte Willi, und erst, wenn er gegessen hatte, bekam das Huhn sein Futter. Die

Hartwurst entlockte ich bei vielen Schnäpschen dem Oberzahlmeister. So kam Willi wieder langsam ins Leben zurück. Nach mehreren Wochen konnten wir ihn mit dem Flugzeug Richtung Heimat schicken.

Beim Nachtdienst hatte ich immer Eier- und Schokoladelikör bei mir. Mit ein bißchen Gespräch verziert, habe ich manche Morphiumspritze dagegen eintauschen dürfen.

Einen schweren Tetanusfall brachten wir durch mit dämpfenden Mitteln und Nährklysmen, die wir selbst „erfinden" mußten. Als er dann langsam zu sich kam, verstand ihn niemand aus meiner Einheit. Alle dachten, er sei verwirrt. Dabei war es unverfälschter niederösterreichischer Dialekt. Ich avancierte zur Übersetzerin ins Preußische.

Ein Liebesdienst, der immer willkommen war, war Wanzenjagd. In den Gipsverbänden verkrochen sich die Plagegeister. Mit einem Stäbchen den Gips entlangklopfend, jagten wir sie zu den Öffnungen, um ihrer dort habhaft zu werden. Auch dies ein Nachtdienstgeschenk. Das einzige, wovor mir wirklich ekelte, waren Maden an den Wunden, wenn es auch nicht oft vorkam. Für alle diese Arbeiten hatten wir ja weder Handschuhe noch Bettenbeserln zur Verfügung.

Inzwischen war es Sommer geworden. Baumwollfelder und Marillenplantagen erlebte ich in Blüte und Erntezeit. Alles wurde durch ein Furchensystem sorgsam bewässert. Die Luft war trocken und warm, auch der Wind, ein Klima, das mir unendlich behagte. Entkernte Marillen, die wir um einen Spottpreis bekamen, wurden auf dem Flachdach ausgelegt, innerhalb von zwei Tagen gedörrt und für die Heimat versandbereit gemacht.

Der Apotheker residierte im Hof vor seinem Gebäude in einer Badewanne, mit der Offiziersmütze und einer Badehose angetan. Ein quergelegtes Brett diente dazu, unsere Bestellbücher zu kontrollieren und abzuzeichnen. Sein Bursche in voller Montur erhielt die Aufträge für die Durchführung. Erheiternd waren die militärischen Ehrenbezeigungen wie Strammstehen etc. vor diesem idyllischen Bild eines Wassermannes. Neidlos und voll Vergnügen wurden solche Einfälle toleriert.

Eine meiner Kurskolleginnen arbeitete damals in einem Reservelazarett, das Verwundete von uns aufnahm. Sie schrieb damals: Was macht Ihr, daß Eure Leute so verwöhnt sind? Ich glaube wirklich, wir haben mit unseren Patienten Freud und Leid geteilt. Wir wollten alle einfach nur leben.

Wir hatten uns selbst eine Gans eingetauscht. Wo sie schlief, weiß ich nicht mehr. Unsere volksdeutsche Hilfe, Mariechen, mußte sie in der Mittagspause im Hof, an einer Mullbinde als Leine, spazierenführen. Die Frage stellte sich, worin können wir dieses Riesenvieh braten? Die einzige Blechpfanne, die wir wußten, stand unter dem extendierten Unterschenkel eines Patienten mit kompliziertem, vereitertem Unterschenkelschußbruch. Bei ihm versuchten wir mit Hilfe einer improvisierten Prontosil-Tropfeinrichtung eine Amputation zu vermeiden. Diese Pfanne zum Auffangen der Restfeuchtigkeit erbaten wir uns für einen halben Tag vom Patienten, sterilisierten sie im OP, brieten unsere Gans und gaben die Pfanne, neuerlich sterilisiert, zurück. Der Patient war natürlich unser Festmahlgast und wurde mit seinem Bett in unser kleines Zimmer gebracht. Auch ihn konnten wir später mit einem Gipsverband verlegen.

Um zehn Uhr abends, vor dem Einschlafen, sagte mir Schwester Selma: „Morgen früh können Sie vier Wochen Urlaub antreten." Im nachhinein erfuhr ich, daß die Entscheidung so spät fiel, weil es noch nicht sicher war, ob ihr Blinddarm operiert werden müßte. Sie arbeitete voll und sagte keinen Ton über Schmerzen. Es wäre mein Urlaub dadurch ins Wasser gefallen.

Um fünf Uhr früh war ich am Militärflugplatz. Mein Plan war, zuerst Bukarest anzufliegen. Dort wußte ich Vater, der einen geologischen Auftrag für die rumänische Eisenbahn bearbeitete. Von dort erst gab es Urlauberzüge Richtung Heimat. Nach Bukarest benötigte ich ein Flugzeug, da die normale Benützung der rumänischen Bahn an eine Sonderbewilligung gebunden war, die ich in der Eile nicht beschaffen konnte. Es ging per Anhalter. Ich ergatterte auch eine Ju 52, die einen General zu seiner Truppe nach Bukarest fliegen sollte. Ich bat ihn, mitfliegen zu dürfen. Er meinte: „Haben Sie nicht Strammstehen gelernt?" Ich: „Ich bin Rotkreuzschwester." Ich durfte trotzdem mit. Wir überflogen das riesige Donaudelta, eine Sumpf-, Wald-, Wasserfülle, ein bewegtes Durchdringen von Fluß, Land und Meer, in seiner Substanz und Dynamik beglückend.

In Varna mußten wir zwischenlanden. Der General erfuhr, daß seine Einheit inzwischen nach Athen verlegt worden war. Mir wurde versprochen, am Rückflug in Bukarest abgeliefert zu werden. Wir überquerten den südlichen Karpatenbogen und das Rhodopegebirge. Heimatliche Berggefühle erwachten in mir. Die Maschine flog niedrig. Überall, wo besonders schöne Burgen standen, mußte der Pilot eine Schleife drehen. Der

General und ich waren die einzigen Passagiere. Jedes Fenster und der Blick über die Schulter des Piloten auf die Landkarte stand mir frei. Die Akropolis in Athen fing gerade die letzten leuchtenden Sonnenstrahlen auf, als wir die Stadt anflogen.

Untergebracht war ich am Militärflughafen, nahe am Meer. Durch einen Hain hoher, alter knorriger Olivenbäume lief ich morgens dem Strand zu. Ich wußte um mein törichtes Tun, und doch mußte ich meinen Finger in dieses blitzblaue Wasser stecken, um mich davon zu überzeugen, daß es nicht abfärbt. In meiner Beweglichkeit war ich voll an die Besatzung gebunden. Unsere Interessen waren verschieden. Trotzdem gelang mir ein kurzer Besuch auf der Akropolis. Mit einem Sack Kirschen (Frühsommer 1943) feierten wir den Abflug. Diesmal war die Maschine mit deutschen Urlaubersoldaten voll.

Bulgarien war damals noch nicht in den Krieg verwickelt. Die Besatzung hatte aber Freundinnen in Sofia, und so erzwangen sie sich durch eine vorgetäuschte Notlandung die Landeerlaubnis. Die Urlaubersoldaten mußten am Flugplatz warten. Mir besorgten sie ein nobles Hotelappartement. Ich verbrachte zwei Tage in der Spannung, ob ich wohl zum Abflug rechtzeitig verständigt würde, und der Freude, eine unverdunkelte, friedliche Stadt zu erleben. Ein Opernbesuch (Butterfly) brachte ungezwungene Gespräche mit fremden Menschen ohne Scheu, in leidlichem Deutsch, kein Mißtrauen, wie es sich bei uns überall eingeschlichen hatte. Die Geschäfte waren offen, und es gab alles. Ich hatte zwar kein gültiges Geld, genoß aber dieses kleine Fenster in eine friedliche Welt. Ich wurde rechtzeitig zum Abflug benachrichtigt und konnte in Bukarest Vater ausfindig machen und ihn auch antreffen.

Zwei Tage waren wir in Siebenbürgen und in einem Ölbohrgebiet unterwegs, bevor ich mit dem Urlauberzug nach Wien fuhr. Von da an zählte auch erst mein Urlaub. Vater lernte ich in der kurzen Zeit neu kennen. Er schwärmte von rumänischen Spezialitäten: rohe junge Zwiebeln zum Abbeißen, ein Gewächs, das er zu Hause weder roh noch gekocht auf dem Speisezettel duldete. Von den vier Wochen in Wien ist mir nur ein vages Gefühl von fremd und fehl am Platz in Erinnerung. Die mürrischen Gesichter der Großstadtmenschen verstärkten es nur.

Der Weg zurück zur Einheit war mühsamer. Ab Warschau bekam ich ein Flugzeug bis Dnjepropetrowsk. Eine Nacht am Flughafen, sogar mit einem Bett, wurde fast unerträglich. Mit angezogenen Beinen auf dem weißen Leintuch sitzend, wehrte ich mit einem Steckerl wahre Wanzenkolonnen ab, die auf mich zumarschierten. Der Tag brachte wenig Glück. Eine direkte Maschine nach „Nico" war nicht aufzutreiben. Aber von Mariopol (zwischen Krim und Rostow gelegen) würden mehrere Maschinen täglich die Strecke befliegen. Also auf zum Umweg. Kurz nach dem Start setzte mit einer Stichflamme der linke Seitenmotor aus, die Maschine konnte noch landen, und das Ersatzflugzeug erreichte dann auch Mariopol. Es war der verlassenste Ort der Welt. Mir blieb nichts anderes übrig, als mit der Bahn zurück nach Saporozje zu fahren und umzusteigen, um nach Nico zu kommen. Es war das einzige Mal, daß ich, selbst zwar dem Deutschen Militär zugehörig, in einem zivilen Zug unter Russen saß. Ihnen beim Sonnenblumenkerne-Essen zuzusehen war spannend. Eine Handvoll Kerne mit der Schale nahmen sie in den Mund. Es begann rege Kautätigkeit, und alsbald verschwanden die Kerne anscheinend im Magen, während die Schalen an den Lippen zum Vorschein kamen und von dort zu Boden fielen. Im Laufe der Zeit bildeten sich kleine Schalenkegel am Boden zwischen ihren Beinen. Natürlich versuchte ich es zur allgemeinen Heiterkeit auch. Ich brauche immer noch meine Hände zum Trennen von Schale und Kern.

Die Urlaubszeit hatte ich trotz Fluggeschwindigkeit um zwei Tage überzogen. Der Chef, ein Sachse, schrie mich an: „Ich sperr Sie ein!", aber ich landete doch gleich auf der Station.

Das Verhältnis zu meiner Oberschwester war schlecht. Zum Glück hatte sie in der täglichen Arbeit nichts zu sagen. Waggonweise verschacherte sie Medikamente und Lazarett-Bedarfsgüter, die aus der Heimat für uns kamen, an die Russen gegen Felle, Sonnenblumenöl und anderes, das sie wieder als Bestechungsware in die Heimat verschickte. Im Haus bot sie sich an, Kuchen zu backen und Einladungen zu arrangieren. Sie stiftete damit Liebesbeziehungen und zerstörte Ehen, von einigen wußten wir es im Laufe der Zeit. „Lütje (Kleine), magst du Butter, oder soll ich dir Kuchen backen, dann kannst du dir jemand zum Kaffee einladen?" Ich wollte sie wegen Schmuggels und Hamsterns anzeigen, fand aber keine Zeugen, alle waren bestochen. Später war ich über dieses Mißlingen froh, standen doch hohe Strafen darauf, bis zur Todesstrafe. Es hätten mich die Konsequenzen später menschlich sicher belastet. Ich verweigerte nur ihren Titel und zeigte ihr, wo ich konnte, meine Verachtung. Es blieb ein Krieg zwischen uns bis zum Schluß.

Aber auch hier holte uns die Zeit ein. Wir konnten beobachten, wie sich nachts ganze Kompanien rumänischer Soldaten über die Bugbrücke in ihre Heimat absetzten. Die weißrussische Bevölkerung war stolzer als die von Schachty (oder waren wir jetzt eindeutiger die Verlierer?). Sie arbeiteten auch fleißig, ließen uns aber ihre Verachtung sehr wohl spüren.

Wir mußten wieder abziehen, wenn auch nicht in dieser extremen Lage wie in Schachty, Luftringe und Polster einsammeln und die Schwerstverletzten an ein Feldlazarett übergeben. Es war das gleiche Gefühl der Scham in mir und des Schuldigwerdens an unseren Patienten. Diesmal hatten wir zwei Waggons mit Stockbetten für unseren Transport. Unterwegs traf ich eine Schwester aus Wilhelmshaven, die ich gerne mochte. Unsere beiden Transportzüge standen in einem kleinen Bahnhof. Wir sangen fast die ganze Nacht vertraute Lieder. Zum Reden war zuviel Not in uns angewachsen.

In Brody, nordöstlich von Lemberg, machte unser Lazarett wieder auf. Diesmal bestand unsere Station aus einem riesigen Raum, der für Pferde in Kojen unterteilt war. Bis jetzt hatten wir Überbelag mit nur Schwerstverletzten gekannt. Aber diesmal übernahmen wir eine Handvoll leichtverwundeter Patienten, darunter einen Maler. Er schmückte die Kojenwände mit Berg- und Landschaftsmotiven, auf den Verputz gemalt. So wenig Arbeit waren wir nicht gewöhnt. Wir versuchten, die Gegend, ebenen Föhrenwald, zu erkunden, kamen aber schnell in das Lazarettgelände zurück. Im Wald müssen Partisanen gelegen sein, denn, kaum aus unserem Zaun heraus, pfiffen Gewehrkugeln links und rechts an unseren Ohren vorbei, daß uns die Lust zum Spazierengehen verging. Wir überlegten unsere Interessen: schießen, reiten lernen oder ärztliche Vorträge organisieren. Letzteres siegte. Aber es kam nicht dazu. Innerhalb von zwei Tagen waren wir mit Schwerstverletzten voll belegt.

Selmas und mein Zimmer, ein kleines Kabinett zu Beginn des Saales, war abends plötzlich hell erleuchtet. Prasselndes Geräusch und Brandgeruch. Vor unserem Fenster brannte ein abgestellter LKW. Schnell waren zwei Soldaten da und rollten zwei Fässer von der brennenden Ladefläche. Erst später stellte sich heraus, daß sie mit Benzin gefüllt waren, anscheinend ein zum Glück gescheiterter Sabotageakt. Unsere rasch naßgemachten Vorhänge hätten uns in diesem Fall nichts geholfen.

Von dort wurden wir nach überbelegter Zeit und strengen Arbeitstagen relativ bald wieder abgezogen. Südwestlich von Lemberg, in Drogobich, lagen wir, „in Ruhe" auf den nächsten Einsatzort wartend. Unsere Diätschwester und ich wurden gleich zu einem Feldlazarett nach Odessa abkommandiert. Es war Jänner 1944.

Der Empfang in der kleinen Einheit war rührend. Wir müßten gar nichts arbeiten, außer in der Stadt appetitanregendes Grünes aufzutreiben, um für die Verwundeten das Essen abwechslungsreicher zu gestalten, uns den Schwerkranken widmen, ihnen Mut zum Leben geben. Diesen Nachmittag hatten wir frei.

Wir waren in einer kleinen Villa am Rande der Stadt nahe dem Schwarzen Meer untergebracht. Ich ging sofort los. Ein Dickicht von Rosen säumte das Haus, mögen es hundert Meter gewesen sein oder mehr, mit schmalen, durchgehauenen Pfaden. Sie verlockten mich, und ich tauchte unter. Der Rosengarten war noch im Winterschlaf, aber im Geiste sah ich sie sprossen, blühen und fruchten. Die Melodie „Maria durch ein Dornwald ging" drängte sich mir auf und wird mit diesem Bild verbunden bleiben. Und plötzlich blieben die Rosen zurück, und ich stand am Rande der Steilküste. Die tosende Brandung des Schwarzen Meeres war unter mir. Es blieb noch Zeit, vor Einbruch der Dunkelheit die Felsen hinunterzuklettern und den feuchten Sand zu betreten. Dann mußte ich rasch zurück.

Die Kaukasusfront war längst zusammengebrochen. Ehe wir noch tätig werden konnten, kam am gleichen Abend die Meldung, wir zwei Frauen müßten Odessa mit dem nächsten Zug verlassen. Der leitende Arzt schlug vor: Wenn wir schon nicht zum Arbeiten kämen, so wollten wir bis zu unserer Abreise tanzen.

Eine seltsame Mischung von Lebenshunger, Ernst, Abschied und Ausgelassenheit. Tanzen hatte ich nie gelernt, und doch tanzte ich die ganze Nacht mit einem Arzt. Wir bewegten uns frei im Raum wie Träumende, trennten und trafen uns wieder, machten gemeinsame Schritte und waren doch jeder für sich. Im Zusammenkommen sprach er von seiner Frau, von seinem kleinen Kind, das vor kurzem geboren war, das er noch nicht gesehen hatte, und von seiner Liebe zu ihnen. Unsere Bewegungen hatten die Feierlichkeit eines Rituals, hinter dem alles andere versank. Irgendwann gegen drei Uhr kam der Abmarschbefehl, ein kurzer Händedruck, ein Danke. Wir nahmen unser Bündel und wurden zum Bahnhof gebracht. Ob er Frau und Kind jemals wiedergesehen hat? Wir waren der letzte Zug, der ohne Beschuß nach Rumänien durchkam.

Auf dem Weg zu unserer Einheit, die inzwischen in Ungarn lag, wurden wir zwei Schwestern vom „Heldenklau" (der Spitzname für ein Kommando, das berechtigt war, auf dem Rücktransport Befindliche aus den Zügen herauszuholen und lokal nach Bedarf einzusetzen oder gleich wieder an die Front zurückzuschicken) in Galatty aus dem Zug geholt und in einer Krankensammelstelle eingesetzt. Es war ein großes, einstöckiges Gebäude mit einem langen Gang. Auf den mündeten die Zimmer, in denen ein paar Verletzte waren.

Kaum waren wir dort, wuchs bei mir im ersten Stock die Zahl der Verwundeten von 30 leichten Fällen im Laufe der Nacht auf 360 Schwerstverletzte an. Ebenerdig war es nicht viel besser. Wir arbeiteten wie Halbbetäubte. Die Zimmer wurden dürftig mit Stroh beschüttet, auch die Stiegenabsätze, und wurden mit verwundeten Soldaten belegt. Da lagen sie am Boden, im Staub, hart und kalt. Wir hatten von allem zuwenig. Es war um die Osterzeit. Bauchschüsse, Lungen- und Kopfschüsse und Knochenschußbrüche, Gasbrand und Fleckfieber. Wir zwei Schwestern hatten nichts zur Hand außer Papierbinden, keine Kopfpolster, zu wenige Decken. Kein Sanitäter, keine volksdeutschen Hilfskräfte standen uns bei. Es war keine Entlausung eingerichtet, die Männer lagen in ihren feldgrauen Uniformen im Stroh. Es sollte fast drei Wochen dauern, bis wir Betten bekamen, und nach vier Wochen wurden wir von einem Kriegslazarett abgelöst, alle selbst erkrankt. Die Verpflegung war fast unvorstellbar: eingeweichte Trockenerbsen und Trockenbohnen, mit der Schale gekocht, und völlig nasses Kartoffelbrot. Meine Kollegin war ja Diätschwester und pflegeungewohnt, ich mußte für sie mitdenken. Von Pflege konnte ja kaum mehr gesprochen werden, und doch taten wir, was wir konnten. Wir passierten durch ein kleines Teesieb (wir hatten sonst nichts) für die schwersten Fälle wenigstens die Häute aus dem Brei heraus! Ein Feldlazarett übernahm die ärztliche Versorgung. Die zwei Ärzte operierten bis zur Erschöpfung, schalteten ein paar Stunden Schlaf ein und machten weiter. Für Visite blieb keine Zeit. Wir mußten schauen, wie wir zwischen den Operationen den Arzt zum Patienten bekamen, um Extremsituationen abklären zu lassen. Viele Wunden waren durch Gasbrand infiziert, und das Leben konnte nur durch eine Sofortamputation gerettet werden. Erkennen fiel uns zu, abklären mußte der Arzt. Was waren das für prächtige Menschen. Trotz aller Hektik nahmen sich diese Ärzte Zeit, jedem einzelnen Patienten, dem sie ein Glied amputieren mußten, am Boden neben ihm kauernd, zu erklären, was unumgänglich geschehen mußte. Sie überzeugten sich, daß der Patient verstehend einwilligte.

Wir hatten nur einen kleinen Spritzenkocher auf der Station, und jeden Morgen waren die Stecker demontiert oder der Strom unterbrochen, so daß erst Fehlersuche und Reparatur nötig waren. Es war in allem spürbar, daß die Rumänen uns zusätzlich behinderten, wo sie nur konnten.

Unser Tag begann um fünf Uhr früh und endete zwischen zehn und elf Uhr nachts. Wir waren alle voll von Kleiderläusen, sammelten sie wortlos vom Kragen des anderen ab. Den Weg vom und zum Quartier kannte ich lange Zeit nur im Dunkel der Nacht. Auf die Straße tretend, wartete eine Meute kläffender Hunde auf mich. Der Baum vor der Krankensammelstelle hatte zum Schluß keine erreichbaren Zweige mehr. Ich versuchte, mir damit die Meute vom Leibe zu halten. Nach Wochen, als ich das erste Mal bei Tag auf die Straße kam, sah ich die kleinen Köter, vor denen ich nächtens Angst hatte. Mein Quartier lag ein paar Ecken weit am Bahnhof, mit fremden Schwestern zusammen, die schon schliefen, wenn ich kam. Bei Kerzenlicht war das erste dann, die Wäsche nach Kleiderläusen abzusuchen. Die Nächte waren extrem kurz.

Offiziere und Mannschaften, es gab keine Trennung mehr. Sie lagen zusammen, wie die Einlieferung sie aneinanderreihte. Bei einem Offizier entdeckte ich, daß er voller Kopfläuse war. Wie sollte ich vorgehen, ohne ihn zu sehr vor den anderen zu blamieren? Mit einer Petroleumflasche und Papierbinden bewaffnet, verkündete ich, eine Läusevisite zu starten, und zum Schluß prangten wirklich notgedrungen einige Läusekappen im Saal.

Meine eigene Hilflosigkeit den Verwundeten gegenüber war so trostlos, daß mir einige Tage die Tränen bei der Arbeit einfach die Wangen herunterliefen, bis sie aufhörten und sich mir das Weinen völlig versagte. Dies sollte über lange Zeit anhalten.

Bald nach Beginn dieses Einsatzes stellten sich bei mir in Abständen von sechs Tagen Fieberschübe über 40 Grad ein, Wolhynien- oder Rückfallfieber genannt, eine Form der Borreliose, bei diesem Einsatz äußerst hinderlich. Ein Fliegeroffizier erkannte meine Lage und spendete an diesen Tagen aus seiner eisernen Reserve Pervitintabletten, die mich einigermaßen auf Trab halten konnten.

Langsam bekamen wir etwas geordnetere Verhältnisse, es gab Betten, Visite, Entlausung und eine angepaßtere Verpflegung. Nach diesen vier Wochen wurden wir von einem Kriegslazarett abgelöst. Ich wurde in das

Krankenrevier eingewiesen. Dort lagen bereits Kolleginnen mit Fleckfieber. Wir wurden bald mit einem Lazarettzug nach Krakau transportiert. Damals ahnte ich nicht, daß Rumänien drei Tage nach unserer Abreise auf die russische Seite umschwenken würde und alle vom Kriegslazarett gefangengenommen wurden, auch alle Schwestern. Noch im Krieg erreichte uns die Nachricht, daß sie Schlimmes durchgemacht hatten und nun in den Kohlengruben von Schachty zur Arbeit eingesetzt waren. Es war ein Ruf um Hilfe.

In Krakau war die Behandlung durch das Personal so deprimierend, daß ich mein Thermometer schnell auf „fieberfrei" beutelte. Eine kranke Schwester durfte es überhaupt nicht geben, und wenn, so war sie selbst daran schuld. Die Schwestern von „vorne" waren überhaupt unbequem. Ich wurde rasch auf Erholungsurlaub nach Wien abgefertigt.

Wien war mir fremd geworden, ebenso das ganze Leben in der Heimat. Alle drei Tage mußte ich mich beim Militärarzt melden. Er war nicht zufrieden mit meinen Genesungsfortschritten. Ich bekam die Erlaubnis für Klimawechsel, Mutter und ich zogen uns auf die alte Bauhütte am Spullersee in Vorarlberg zurück. Es lag noch viel Schnee, aber ich konnte mich in der Stille und den vertrauten Bergformen einigermaßen erholen.

Nach vier Wochen war ich wieder auf dem Weg zu meiner Einheit, die inzwischen in Szatmárnémeti lag, das damals zu Ungarn gehörte. Wir waren in ein einigen Villen untergebracht. Das Lazarett selbst war im Schul- und Heimtrakt eines Klosters einquartiert. Die Klausur war noch von den Klosterschwestern bewohnt. Wir wurden von ihnen gefragt, womit sie uns helfen könnten. Wir baten um einen Laib leichtes Brot für unsere Schwerstverletzten und wurden für den nächsten Tag bestellt. Als ich kam, wurde ich sofort wieder zurückgeschickt, ich würde einen Korb brauchen und Hilfe zum Tragen. In der Backstube empfing uns der wunderbare Duft von frischem Brot. Es roch wie Urlaub oder Frieden. Acht Laibe, so groß wie Wagenräder, das feinste Weizenbrot, wurden uns geschenkt. Wir waren überwältigt von der großzügigen Gabe.

Der ungarische Sommer 1944 war warm, der Nachtdienst bot Zeit, und der Szamos lockte zum Bad, ein sich gemächlich bewegender Fluß, gelblich vom Sand, den er mitführte. Eine Kollegin und ich, wir genossen dieses Stückchen Freiheit. Da gesellten sich zwei Ungarn zu uns. Die Verständigung war nur mit Händen und Füßen möglich, sie wollten uns einladen, wir willigten ein. Da nahmen sie unsere Kleider, hielten sie mit einer Hand über Wasser und querten so schwimmend den Fluß. Wir nach. Wir ließen uns an den Rand eines Sonnenblumenfeldes führen. Sie zeigten uns, wir sollten Holz suchen, sie würden Fische fangen, braten, und dann gäbe es den großen Schmaus. Wir deuteten, unsere Zeit sei begrenzt, das ginge nicht. Nach kurzem Überlegen geschah etwas, was mich tief beeindruckte. Sie griffen in ihren Beutel, holten ein Schnitzel, zwei Tomaten, zwei Paprikaschoten heraus und begannen ein Festmahl zu zelebrieren. Es war die Selbstverständlichkeit des Teilens und die Liebenswürdigkeit der Gebärde, die uns zu wichtigen Gästen werden ließ. Bei Schnitzel und Paprika ging es leicht mit den Händen. Die erste Tomate verlor dabei Gestalt und Substanz, aber die Form, mit der sie uns die zweite Tomate überreichten, hatte etwas Königliches an sich. Wir schmausten, lächelten uns zu, bedankten uns. Unsere Kleider wurden wieder zurückgeschwommen, und wir trennten uns. Es war ein Stück Frieden mitten im Krieg.

Die Gegensätze auf engstem Raum waren oft kraß. Was wir auf der Station an Arbeit zu viel hatten, fehlte unserem Chef. Der Oberstabsarzt, ein Pathologe, von kräftiger Gestalt, litt unter Langeweile! Sonntag nachmittags wurden jeweils fünf Schwestern für zwei Stunden zu seiner Unterhaltung abkommandiert. Das war Pflicht. Lebensmittel zum Kuchenbacken ließ er rechtzeitig zustellen.

Als ich das erstemal dabei war, ergab es sich, daß ich neben ihm saß. Und das sollte zur Institution werden. Das kam so: Die Unterhaltung war als äußerst mühsam bekannt. Er trug selbst nichts dazu bei. Das brachte das Gespräch immer bald ins Stocken. Statt irgendeiner geistigen Anregung seinerseits zwang er uns eine Unmenge Alkohol auf. Überdies war es ausgezeichneter Marillenbrand, von uns aber unerwünscht. Uns erwartete ja danach das doppelte Arbeitspensum.

Meine Aussprache war damals längst schon dem Berlinerischen angepaßt, und ich war selbst für Österreicher nicht mehr als solche zu erkennen. Da erwähnte er einen Urlaub bei den Krimmler Wasserfällen im Land Salzburg. Ich kannte sie gut, waren sie doch im Oberpinzgau, wo auch Uttendorf lag, in der Landschaft, die ich als meine Kinderstube betrachtete. Das brachte die Wende. Ich erzählte von den Wasserfällen, er stellte Fragen dazu und erzählte sogar selbst.

Von da ab wurde ich jedesmal mit geladen, saß immer neben ihm. Es waren immer die gleichen Fragen und Begebenheiten, die er brachte, ja bis zum Gebrauch der gleichen Worte. Er war zufrieden und die anderen auch. Sie fühlten sich entlastet und hatten Freiraum für eigene Gespräche. Die zugemutete Menge Alkohol hätte mich sicher bewußtlos gemacht. Unter dem Zauber des Gespräches gelang es unbemerkt, alle Flüssigkeit über meine Schulter hinweg unter den Tisch oder in den Blumentopf zu verteilen. Ich kam praktisch nüchtern zur Arbeit zurück. Erst mit dem Abzug von Szatmar erlosch diese Sitte.

Bei den laufenden nächtlichen Überfliegungen durch Feindmaschinen gab es natürlich Alarm. Wir hatten ein System entwickelt, daß jeweils ein Teil der Schwestern ins Lazarett ging, die anderen durften liegenbleiben. Ich war in der Badewanne, als die Sirene ertönte. Meine Kollegin rief mir zu: „Sie haben Christbäume gesetzt, es ist taghell draußen!" Ich hielt es für einen schlechten Scherz und genoß die Seltenheit des Bades. Da detonierte die erste Bombe, dumpf, nah, der Boden zitterte. Ich fand mich bei Entwarnung ganz allein im Hausflur an der Wand kauernd, ein Kissen an mein Herz gedrückt und das Gesicht darin vergraben. Wie ich in meine Kleider, zu dem Kissen und hinunterkam, ist aus meiner Erinnerung gelöscht. Die erlebte pure Angst blieb zurück. Ich eilte auf die Station.

Der Bombenschaden in der Stadt war groß, der Operationssaal bekam einen Schrägtreffer, alle Fensterscheiben waren zerborsten. Uns stand kein Keller zur Verfügung. Die Verwundeten blieben in ihren Zimmern, wir mußten sie behutsam von den Glasscherben befreien. Die Stadt war verwaist, eine Geisterstadt geworden, nur ein paar streunende Hunde und Katzen belebten sie und machten sie dadurch noch unheimlicher.

Die nächste Nacht brachte den zweiten Angriff. Es war ein banges Horchen, ob bei den Reihenabwürfen die zweite und dritte Bombe näher zu uns oder weiter von uns weg detonierte. Der Boden kam kaum zur Ruhe.

Die dritte Nacht begann gleich, und doch hatte sich etwas geändert. Ein junger Berliner Arzt fing plötzlich an, Märchen zu erzählen, so intensiv und konzentriert, daß ich alles rund um mich vergessen konnte. Wir saßen um ihn herum und lauschten. Nach der Entwarnung meinte er, ich müsse ein paar Stunden schlafen. Er wüßte ein Bett. Er würde mich wecken, falls unser Abtransport früher beginnen sollte. Nach diesem dreitägigen Einsatz nonstop war allein das Hinlegen schon eine Wohltat. Die Schaftstiefel stellte ich neben das Kopfende des Bettes. Der Schlaf war trotzdem aufmerksam wie bei einem Wildtier. Ein Geräusch weckte mich,

Tapsen und Atmen. Ich griff im Dunkeln zu meinen Stiefeln als Waffe. Da berührte mich eine feuchte Hundeschnauze. Beruhigt schlief ich wieder ein. Im Morgengrauen sah ich, wie durch die zerborstenen Fenster und die zerbrochenen Türen Menschen auf die Straße sprangen. Schlafgäste wie ich. Der Großteil der Bevölkerung übernachtete aber irgendwo auf den Feldern.

Unser Lazarett war, bis auf den OP, das einzige nicht zerbombte Haus in der Stadt, wohl auf die am Dach ausgelegte Rotkreuzfahne zurückzuführen.

Spätsommer 1944. Im Laufe des Tages verlegten wir alle Patienten in einen Lazarettzug in Betten. Wir Schwestern wurden auf die Waggons aufgeteilt, schliefen am Boden, ich um das Öfchen gerollt. So waren die Verwundeten und wir versorgt. Im Schlaf wurde das Rollen der Räder zu immer neuen Bombenangriffen umgedeutet.

Die Fahrt nach Wien dauerte einige Tage. Wir ließen uns etwas einfallen. Beim Anhalten, sehr oft auf freier Strecke, wurde nach einer erreichbaren Siedlung Ausschau gehalten. Zu zweit, mit Waschkorb ausgerüstet, gingen wir los, um Gemüse und Obst einzukaufen. Inzwischen waren die im Zug Verbliebenen verpflichtet, die Luftbremsen zu betätigen, systematisch einmal hier, einmal dort, so daß mit Suchen und Beheben des Schadens unsere Rückkehr abgewartet werden konnte. Es funktionierte immer. Der Lohn war ein Waschkorb voll Tomaten, Zwiebeln, Paprika und Äpfel. Er wurde aufgeteilt auf alle, und wir sammelten das für uns unbrauchbar gewordene ungarische Geld für die nächste Gelegenheit ein.

In Wien angekommen, erfuhr ich, daß Vater in Leoben krank bei meiner Tante lag. Drei Tage Sonderurlaub reichten gerade aus, um Vater zur Spitalseinweisung zu überreden. Er hatte bereits eine ausgeprägte Lungenentzündung und konnte dort wirksamer behandelt werden.

Unsere Einheit übernahm die Verwundeten eines Reservelazarettes in Mattersburg im Burgenland, einer kleinen Stadt, an das Rosaliengebirge angelehnt. Diese Gegend, südlich von Wien gelegen, kannte ich von einer Wanderung aus der Schulzeit mit meinem Vater. Mischwälder mit Edelkastanien und Lupinen sind in meiner Erinnerung.

Es tat gut, die Sprache der Menschen wieder zu verstehen, das Gefühl von Zuhause zu erleben. Zusätzlich liegt in dieser Landschaft auch in der Bauweise ein Hauch von der östlichen Weite, die ich in diesen Jahren liebengelernt hatte. Auch hier ging es mir ähnlich wie bisher, es blieb keine Zeit, Kontakte außerhalb meiner Station zu knüpfen.

Unsere Station bestand aus einem großen Saal, dessen Betten vierreihig eng gedrängt standen und mit etwa achtundzwanzig Schwerverletzten belegt waren, und mehreren kleineren Zimmern für zwei bis vier Betten mit Leichtverletzten. Mir wurde der Saal zugewiesen.

An Wechsel gewöhnt, wußte ich, daß jeder Ort sein Gesicht hatte, dessen Wesen sich erst langsam preisgab.

Diesmal gelang es nicht, wie in den besetzten fremden Ländern, einfach Gefangene für Bodenreinigung und Geschirrabwaschen zugeteilt zu bekommen. Wir mußten zu Beginn alles selbst machen – zeitlich eine Utopie. So geschah das, was wir für das Nötigste hielten, zuerst. Der Rest allenfalls fallweise. Betten, Verpflegung, Verbände, Medikamente und dann erst die Wassergläser am Bett bzw. den Boden reinigen und dies alles, soweit vertretbar, im Laufschritt.

Die Reaktion meiner Patienten war äußerst reserviert bis abweisend. Ich war an Arbeit gewöhnt, das, was mich bisher getragen hatte, war das Vertrauen meiner Patienten, die meist wortlose Rückmeldung: Gut, daß es euch gibt! Hier kam mir nur eine eisige Atmosphäre aus dem Raum zurück. Zum Reflektieren blieb weder Zeit noch Kraft.

Eines Tages, ich verband gerade einen hochfiebernden Verwundeten mit einer scheußlich vereiterten Kniegelenksschußverletzung, als es laut aus ihm hervorbrach und sich über mich ergoß: „Sie Hure, Sie Schlampe!" Und weiter in dieser Tonart, bis es plötzlich wieder abbrach. Eisiges Schweigen im Raum. Ich war durch meine Arbeit an sein Bett gebunden, mußte ihn fertigverbinden, ihn bis zum Ende anhören. Jedesmal, wenn ich den Saal wieder betreten sollte, stieg mir die Röte ins Gesicht.

Ich meldete es meiner Stationsschwester. Sie wollte es anzeigen. Ich meinte, die Anzeige hätte für ihn ein unberechenbares Verfahren zur Folge, das möchte ich nicht. So stehenlassen könne ich es auch nicht, er müsse sich entschuldigen. Nach ein paar Tagen kam dann von ihm ein leises Gemurmel: „Entschuldigen S'." Meine leise Antwort: „Is gut."

Inzwischen hatten sich unsere Verhältnisse gebessert. Wir hatten das nötige Hilfspersonal, verlegten die Schwerkranken in die kleinen Zimmer, um sie besser pflegen zu können, und die leichten in Stockbetten in den Saal. Ich war erleichtert und hoffte auf neue Gesichter und eine veränderte Atmosphäre. Zu meinem Schrecken bekam ich wieder die alten Patienten in den nunmehr kleineren Zimmern zugeteilt. Tief Luft holen und weitermachen, das war alles.

Zu meiner großen Überraschung kam nun jeder einzelne der achtundzwanzig Patienten ganz persönlich zu mir und entschuldigte sich für diese Anfangssituation. Ja, der Auslöser, mein Patient mit der Knieverletzung, machte mir ganz zaghaft einen Heiratsantrag. Ich meinte, Frieden geschlossen hätten wir ja, aber heiraten würde ich ihn doch lieber nicht.

Es kam dann heraus, daß die abgezogenen Wiener Hilfsschwestern die Landser aufgehetzt hatten, nach dem Motto: Jetzt kommen die Preußen, die werden euch noch in den letzten Tagen Zucht und Ordnung beibringen. Wehrt euch! Daß sie damit an die einzige Österreicherin in unserer Einheit gestoßen waren, konnten wir dann gemeinsam schmunzelnd feststellen. Sie seien außerdem sehr sporadisch versorgt worden, die Schwestern hatten sich lieber in den kleinen Zimmern aufgehalten.

Es wurde Jänner 1945. Ich konnte einen Tag Kurzurlaub erwirken und wollte unbedingt die Eltern sehen. Der Normalzugverkehr war längst eingestellt. In einem Soldatentransportzug konnte ich im Bremshäuschen eines Güterwaggons bis Wien mitfahren. Es war Ende Jänner und bitter kalt, die Fenster waren ohne Glas, aber der Mitpassagier, ein Sachse, hatte eine solche Fülle von heiteren Gedichten, Persiflagen und Anekdoten bereit, daß mich das Lachen von innen erwärmte.

In Wien war die Wohnung leer, ich erfuhr, daß die Eltern im Spital lagen, fuhr hin, sah beide in recht bedenklichem Zustand nach einer halb überstandenen Lungenentzündung, Mutter auch mit einem Lungenabszeß. Ich konnte nichts tun für sie.

Diese Bilder liegen sehr im Dunkel, sie waren bedrückend. Ich mußte rasch zurück zu meiner Einheit. Der Verkehr war völlig zusammengebrochen. Schnee lag auf den Schutthaufen und über den Löchern der durch Bomben beschädigten Straßen.

Nicht lange danach wurde unsere Wohnung in Wien ausgebombt.

Die Auflösung

Die letzten noch abziehbaren Männer wurden an die Front eingezogen, darunter auch unsere zwei Gipser. Ich wurde in das Gipszimmer beordert.

Meine ebenso unerfahrene Kollegin und ich bekamen die Patienten mit ihren Röntgenbildern in den Raum gebracht. Meine Kollegin wickelte, und ich stellte Zugrichtung und -stärke her. Jeder Gipsverband war ein Wagnis, keine Einschulung, keine Kontrollmöglichkeit während der Arbeit, keine Vorerfahrung, keine Hilfskräfte, keine Geräte. Wenn alles fertig war, wurde wohl ein Kontrollröntgen gemacht. Wir besuchten jeden unserer „Kunden" ein bis zweimal hinterher, um uns zu vergewissern, daß keine Druckstellen aufgetreten waren. Der Antransport von der Front war wieder massiv. Die Tage dauerten von fünf Uhr früh bis spät in die Nacht hinein. Wir hatten ja keinen Nachtdienst, dem wir den Rest übergeben konnten. So ein Bein für einen großen Beckengips lange in gleicher Stellung und Zugkraft zu halten, und das den Tag lang, überstieg oft den Rand meiner physischen Kräfte. Es lag an meiner wickelnden Kollegin, mich wach zu halten. Unser Umgangston wurde rauh. Wir schrien uns an, begossen uns mit Parfum, ich rauchte schwere ungarische Zigaretten. Es war wie ein Wunder, daß wir keinem unserer Patienten einen nachträglichen Gipswechsel zumuten mußten.

Die Sehnsucht, zu innerer Ruhe zu kommen, war manchmal noch größer als die nach Schlaf. Einige Male ging ich nachts, die einzige mögliche Pause, zum nahen Friedhof, setzte mich auf eine Grabeinfassung, schaute von dem Hügel auf die schlafende Stadt. Die Menschen, die hier lagen, erreichte kein Leid mehr. Ich erlebte diesen Platz als eine Stätte, die Ruhe und Geborgenheit ausstrahlte.

Und dann mußten wir auch von da fort, einpacken, Patienten übergeben. Auf einem offenen Lastauto, das uns kaum fassen konnte, auf völlig verstopften Straßen, zum Teil auf Feldwegen, ging es bis Baden bei Wien. An den Straßenrändern lagen gestrandete Fahrzeuge. Ich saß oben auf der Fahrerkabine, mit Armen und Beinen so verankert, daß ich nicht abgebeutelt werden konnte. In Baden bekamen wir zwei Waggons eines Entlausungszuges zugewiesen, am Boden ein Holzrost, jede drei Decken, je nach Belieben zwei auf den Holzspreißeln und eine zum Zudecken oder umgekehrt. Es war erst gegen Ende März und empfindlich kalt.

So gondelten wir über Brünn, wo wir mit dem Rest unserer Einheit wieder zusammentrafen, durch Südböhmen und landeten nach guten drei Wochen in einem kleinen Ort vor Bayrisch-Eisenstein.

Unsere Lazarettausstattung war beim Transport großteils abhanden gekommen, ein Teil der Sanitäter auch. Sie verschafften sich Marschbefehle Richtung Heimat. Wir lagen immer noch ohne Lok, Wasser und Heizung auf unseren Holzrosten. Wir beschlossen, unsere Waggons mit eigener

Kraft in die Station Bayrisch-Eisenstein zu schieben, damit war Waschen und Heizen wieder möglich.

Neben uns stand ein Munitionszug, dessen Ladung die deutschen Soldaten, in vielen Einzelaktionen, selbst vernichteten. Auf der anderen Seite standen zwei offene Waggons, die vollgepfercht mit stehenden Menschen waren, richtig hineinsehen konnten wir nicht. Nachts wurde geschossen, und morgens wurden unsere Türen erst spät geöffnet, es war gerade noch zu sehen, daß Leichen weggetragen wurden. In einem großen Kessel wurden rohe Kartoffeln zerstampft, mit einem Gerät, das ich von der Schweinezucht her kannte. Der Zug wurde am nächsten Tag weggezogen. Erst dann erfuhr ich, daß es Häftlinge eines Konzentrationslagers waren. Erst später, im Lesen von Zeitzeugenberichten, im Kennenlernen Betroffener, sollte mir die Tragik und ihr Ausmaß voll ins Bewußtsein kommen. Im Nationalsozialismus wurde versucht, planmäßig Völker zu vernichten, Juden und Zigeuner. Der innere Prozeß im Auseinandersetzen mit diesen schlimmen Fragen wird für uns, die wir zu dieser Zeit lebten, wohl nie ganz aufhören können.

Alle Augenblicke fegten alliierte Tiefflieger die Straße entlang. Jeder Fußgänger reizte sie anscheinend dazu. Bei jedem Gang war es wichtig, den Blick zum Himmel zu richten oder aufmerksam zu horchen. Wenn eine Maschine den Ansatz zum Tiefflug nahm, sprangen wir automatisch in den Straßengraben und warfen uns zu Boden. Wir lagen in dem Winkel, in den sie schlecht hineinschießen konnten, relativ geschützt. Diese Verhältnisse bewogen unseren Chef, mit seinen Leuten in den Wald auszuweichen. Dort standen sie, jeder an einen Baumstamm gelehnt, im Schnee. Es war absurd. Noch dazu war seine Vorstellung, sie würden da abwarten, bis der Krieg zu Ende sei, Hütten bauen, die Schwestern würden Moos sammeln, damit das Lager weicher sei, und dann würden sie sich in die Kornkammer Deutschlands, nach Niederbayern, durchschlagen. Derselbe Mann hatte die Naivität, noch am 20. April, Hitlers Geburtstag, einen Orden an einen Sanitäter zu verleihen, bekam ihn aber zurück vor seine Füße geworfen.

Diesen Gang in die Deckung des Waldes machte ich die ersten Stunden mit, bis ich die Lage begriff. Ich ging zum Zug zurück und blieb dort in der Aprilsonne sitzen. Wir hatten ja die Rotkreuzfahne ausgebreitet, und ich vertraute darauf. Ich war nicht die einzige. Ich traf dort unsere med. techn. Assistentin Doris, die ich gerne mochte, und zwei unserer

Ärzte. Das Nichtstun war schwer zu ertragen. Zu dritt machten wir einen Ausflug auf den Arber mit Tiefschneestapfen. Vom Gipfel aus wurden wir Zeugen eines Bombenangriffes auf Pilsen. Dann flogen plötzlich mehrere Tiefflieger auf unseren Berg zu und beschossen ihn. Wir fanden zum Glück eine Felsspalte, in der wir uns verbergen konnten. Erst später erfuhren wir, daß auf dem anderen Teil des Doppelgipfels die V2, die Wunderwaffe, stationiert war.

Ich versuchte, durch Arbeit diese bedrückende Lage zu verändern, suchte im Dorf, ob irgendwo eine Krankenschwester gebraucht würde, niemand brauchte mich.

Grenzüberschreitung

In der Erinnerung an diese Zeit drängt sich mir jedesmal ein Bild auf, das das Chaos, die existentielle Bedrohung des Menschen durch dieses sinnlose Leid des Krieges nicht dramatischer zeigen kann. Hinter den Geleisen stieg der bewaldete Berghang gemächlich hoch. In diesem so einsam und abgelegenen Gebiet betrat ich eine kleine Lichtung. Da kam mir ein junger Soldat entgegen. Sein Schritt war auffallend zögernd und unsicher, eine Mischung von hastig und tastend. Seine Uniformjacke war offen, seine Stimme voll bedrängender Unruhe. „Haben Sie nicht meine Frau gesehen, sie ist jung und schön und trägt einen Säugling an ihrer Brust, meinen Sohn. Sie müssen sie doch gesehen haben, eine Frau mit einem Säugling." Er sagte es immer wieder, bis wir uns voneinander entfernten, so als wäre ich für diese Frage gar nicht nötig gewesen. Wo lagen die Grenzen dessen, was ein Mensch noch zu tragen vermag?

Es mochte eine gute Woche vergangen sein, als Doris plötzlich, am hellichten Tag, ihren Rucksack nahm und den Waggon verließ. Wie automatisch stopfte ich eiligst meine kleine Habe in den Rucksack und ging auch hinaus. Draußen standen unsere beiden Ärzte und, ohne ein Wort zu reden, gingen wir in den Wald nach Süden.

Wir waren getürmt, desertiert. Es war klar, daß wir uns in erster Linie vor den eigenen Soldaten, speziell SS und SA, verbergen mußten. Ich hatte noch zusätzliche Ängste, die ich erst Jahrzehnte später zu erfassen vermochte.

Der Krieg zwischen meiner Oberschwester und mir war ungemindert erbittert, wenn auch nur in kleinen persönlichen Belangen spürbar. Am ersten Tag mußte ich mich immer wieder umschauen. Meine Angst war, sie käme mir nach, um mich zurückzuholen, und ich müßte dann mit ihr im Gefangenenlager sitzen. Wahrscheinlich hat mir dieses „Davonlaufen" damals sehr viel Leid erspart. Sie saßen wirklich dann alle in einem Lager, hart an der tschechischen Grenze. Es wäre leicht für sie gewesen, mich bei der Besatzung gründlich anzuschwärzen, um ihr Mütchen zu kühlen und mir schwer zu schaden. In diesen Tagen nahm ich mir vor, ihren Namen zu vergessen. So geschah es auch. Die vielen Jahre bis zu meiner Pensionierung habe ich dieses „Desertieren" als Schande mit mir herumgetragen, bis ich es plötzlich als Bewahrung verstehen konnte. Es war mir in diesen Jahren auch Anlaß, in schwierigen Situationen sehr genau verschiedenste Lösungsversuche sorgfältig durchzudenken.

Die Männer nahmen uns in die Mitte. Wir schloffen durch das Gebüsch, durch den Schnee, mieden Straßen und Wege. Wenn wir sie kreuzen mußten, wurde vorher sorgfältig abgesichert. Erst in der Dunkelheit des Abends schlichen wir an ein Haus heran, spähten durch die Fenster, ob keine Soldaten drinnen waren, und getrauten uns dann erst zu klopfen. Wir durften am Fußboden in der Küche schlafen.

Die nächste Nacht nahm uns ein Bauer auf, bewirtete uns freundlich und meinte, weit kämen wir nicht mehr, der Wald sei voll mit amerikanischen Jeeps, sie würden die gefährlichen deutschen Untergrundkämpfer aufspüren. Es sei klüger, dem Amerikaner direkt auf der Straße zu begegnen. Vor der nächsten Ortschaft stießen wir auf eine Patrouille. Die Ärzte nahmen sie gefangen, uns ließen sie laufen.

Wir brauchten keine Angst mehr vor der eigenen SS zu haben, konnten die Straße benützen, gemütlich war es trotzdem nicht, und Ausgangssperre war überdies. Die erste Nacht ohne unsere Beschützer gruben wir uns in einem Heustadel ganz oben ein, amerikanische Soldaten stöberten nachts im Schober, fanden uns gottlob nicht.

Wir wollten möglichst rasch weg von der tschechischen Grenze und überlegten das kleinste Risiko dabei. Die Straße war belebt von amerikanischen Militärfahrzeugen. Wir beschlossen, mit Autostopp zu fahren. Wir hatten auch bald Glück. Ein gut Deutsch sprechender Amerikaner nahm uns bis Cham in Oberbayern mit und lieferte uns im dortigen Lazarett ab.

Das Lazarett war unter amerikanischer Bewachung. Zwei Soldaten standen in voller Montur links und rechts neben dem Eingang. Alles, was einigermaßen humpeln konnte, war in ein Gefangenenlager abgeführt, das Personal selbst kaum ausgelastet, die Verpflegung äußerst mager, eine Scheibe Brot und ein Napf Linsensuppe am Tag. Wir erklärten dem Chef unsere Lage, wir seien auf dem Heimweg, ob er etwas dagegen habe, wenn wir bei Gelegenheit flüchten würden. Er war einverstanden.

Doris' und meine geringen Englischkenntnisse ließen uns bald zu Dolmetschern werden. Das Lazarett brauchte Kartoffeln, und die sollten eingekauft werden. So gingen wir mit Leiterwagen, Pferd und persönlicher Bewachung in das Dorf. Wir mußten ganz eng nebeneinander vor dem Amerikaner gehen, der hinter uns mit vorgestrecktem Gewehr marschierte. Trotzdem gelang es uns auf diesem Weg, über einen freigelassenen KZler (nur sie hatten freien Ausgang) herauszufinden, in welchem Lager unsere Ärzte vermutlich interniert waren. Wir waren in einem Bauernhof angekommen, das Pferd stand mit dem Kopf zur Straße hinaus. Während ich so beredt wie möglich die beiden Soldaten in ein Gespräch verwickelte, streichelte Doris den Pferdekopf und flüsterte mit dem im Verborgenen stehenden Mittelsmann. So konnten wir den Angehörigen der Ärzte die Nachricht weitervermitteln, in welchem Lager ihre Männer interniert waren.

Einen Tag nach dem Waffenstillstand, am 9. Mai, hatte ich meine ganze Habe in einem Bottich eingeweicht. Da kam Doris: „Keine Wache vor der Türe! Ich gehe!"

In zwei Minuten hatte ich alles im Rucksack. Wir gingen gemeinsam, ich mit einem fließenden Bächlein von der nassen Wäsche an meinem Rücken hinunter. Bei jeder Rast breitete ich die Wäsche am Straßenrand aus, voll Hoffnung, der Rucksack werde leichter.

Es war ein ungewohntes Gehen. Wir hatten keine Chance, einen Busch aufzusuchen. Jedesmal, wenn wir die Straße verlassen wollten, pfiffen rechts und links von unseren Ohren Gewehrkugeln vorbei. Wir waren die einzigen Fußgänger. Es war noch strenge Ausgangssperre. Im Wald lagen die weggeworfenen KZ-Sträflingskleider, trotzdem, wir wollten heraus aus diesen niederbayrischen Wäldern und gingen weiter.

In Cham war es uns nicht möglich gewesen, eine Eßreserve anzusparen, so fingen wir an, unseren Rucksackinhalt einzutauschen, zuerst einmal den Schlafsack gegen zwei Stücke Brot. Wir hatten auch in unserem Rucksack nichts Überflüssiges mehr.

Abends hielten wir vor einem Haus. Da erschien im Fenster ein seltsam blasses Gesicht, ich fühlte nur die Augen auf mich gerichtet. Dann verschwand der Mensch, um kurz darauf in der Türe zu erscheinen. Ich war wie hypnotisiert, zitterte am ganzen Körper und wußte, er könne jetzt mit mir machen, was er wolle, ich bin wehrlos. Er sprach mich mit einer leisen, ruhigen Stimme an und löste damit die Spannung. Dabei erfuhr ich, daß er im KZ gewesen war, eine Schwester hatte, die auch Rotkreuzschwester war und die mir ähnlich sah. Ich spürte seine Enttäuschung. Er tat mir nichts zuleide. Ich war völlig erschöpft. Wir betraten das Haus. Der Küchenboden war belegt mit Heimatlosen, auch Kinder darunter, und nun waren auch wir dabei. Alle Augenblicke wurde die Türe aufgerissen und irgend etwas in den Raum geschrien. Die Kinder weinten, schlafen war unmöglich, aber wenigstens liegen.

Am Morgen beschlossen wir, so schnell wie möglich nach Straubing an der Donau zu kommen. Dies ging wieder nur mit Autostopp.

Ein amerikanischer PKW – der Fahrer sprach fließend Deutsch – nahm uns mit, unter der Bedingung, wir müßten ihm die noch stehende Brücke über die Donau ausfindig machen. Selbst unwissend, hielt er oft genug an, daß wir das Nötige erfragen konnten.

Wir wurden von ihm in Straubing in einem SS-Lazarett mit „Braunen Schwestern", einer nationalsozialistisch ausgerichteten Schwesternschaft, eingeliefert. Auch hier waren sie nicht erfreut über mehr Esser. Die alten Spannungen zwischen „Braunen" und „Rotkreuzschwestern" und all das Elend des Zusammenbruches vereinten sich bei der Oberschwester in dem Befehl, ich müsse alle Angestelltenklosetts des Hauses putzen. Ich verweigerte es. Ich bin Krankenschwester, bin problemlos bereit, alle Patientenklos zu putzen, aber die der Angestellten nicht. Sie war gereizt und verordnete mir dafür vier Wochen Nachtdienst. Ich war sehr zufrieden. Nachts betreute ich meine Patienten, und tagsüber lag ich schlafend am Donauufer. Das Wetter war meistens schön. Die dort patrouillierenden schwarzen und weißen Soldaten ließen mich in Ruhe. So entkam ich der gespannten Atmosphäre des Hauses.

Ein kleines Bild in einer Auslage berührte mich sehr. Ein Löwenzahn mit einem durchsichtig-zarten Samenköpfchen, auf der Blattrosette ein Marienkäfer.

Dieses kleine, kitschige Bildchen brachte mir meine Armut zu Bewußtsein. Ein Rucksack mit der nötigsten Diensttracht, um einsatzfähig zu sein, das war alles. Wo und ob meine Geschwister und Eltern lebten, wußte ich nicht. Ich hatte keine Wohnung und kein Zuhause mehr. Da geschah das Seltsame: Statt Trauer stieg Freude in mir empor. So leicht, so frei wie jetzt würde ich wohl nie mehr sein. Ich nahm dieses Gefühl wie etwas Kostbares für eine kleine Weile in mich auf. Sollte ich die Bindung an Menschen und Dinge noch einmal versuchen, die Trennung würde dann schwer, das wußte ich. Ich sah das Bild wieder an. Die Sehnsucht, mich wieder einzulassen, siegte, und ich erwarb es bewußt.

Mit Doris besprach ich mich. Ab hier trennten sich ja unsere Wege. Sie mußte nach Württemberg und ich nach Österreich. Wir wollten beide so lange arbeiten, bis jede ein wenig Geld, einen halben Laib Brot und ein Stückchen Käse beisammen hatte. Der Weg zum Chef war schon erprobt. Auch dieser Oberstabsarzt hatte keine Bedenken und nichts gegen ein leises Verschwinden. Nach vier Wochen glückte es.

Es war ein kurzer, herzlicher Abschied von Doris mit allen guten Wünschen.

Noch war strenges Reiseverbot. Deutsche Fahrer mit ihren Wagen konnten nur in alliiertem Auftrag unterwegs sein. Die Marshallhilfe, eine Spende Amerikas an die hungernden Deutschen, mußte verteilt werden. Wir saßen, ein zusammengewürfeltes Völkchen, hoch oben auf Getreidesäcken. Vor und nach jeder Ortschaft hielt uns die amerikanische Wache an und wollte uns herunterholen. Es oblag meiner Phantasie, Nachsicht zu erreichen. So gut es gelang, beteuerte ich auf englisch, daß wir zusammengehörten, nur in das nächste Dorf führen, zu einer Hochzeit, Taufe oder einem Begräbnis. Wir verteilten manchmal Rollen unter uns, wer Vater, Mutter, Tante usw. war, und es funktionierte gut. In Großgmain, bei Reichenhall, stieg ich als letzte ab. Die Grenze nach Österreich war natürlich längst dicht geworden.

In dem Kloster dort gab es einen Teller Suppe. Ein Frächter nahm mich nach Salzburg mit. Ein leeres Bierfaß, über mich gestülpt, verbarg mich vor der Grenzkontrolle.

In Salzburg erfuhr ich, daß Rottenmann im russisch besetzten Gebiet lag, später sollte es von den Engländern übernommen werden. Mein Onkel war ein sehr beliebter Arzt, Primarius des Spitals, Chirurg und Gynäkologe. Er war weit über sein eigentliches Einzugsgebiet bekannt. Von Salzburg an konnte ich daher die widersprechendsten Variationen über sein Ergehen erfahren: alles wohlauf, verschleppt oder erschossen. Ob meine Eltern noch dort waren? Langsam mußte ich mich damit abfinden, nach fast drei Jahren Flucht vor den Russen nun freiwillig in den russischen Sektor zu gehen, um hoffentlich meine Leute wiederzusehen und um die zum Teil bedrückenden Gerüchte ausschließen zu können.

Heimkehr

Am 15. Juni 1945 kam ich „heim".

Zuhause war für mich nun das Haus meines Onkels und der Tante, die mich so großzügig und herzlich aufgenommen haben. Auch ihre Tochter, die in meinem Alter war, war schon da, ihr fühlte ich mich fast schwesterlich verbunden.

Die Eltern waren auch da, Vater noch pflegebedürftig, beide schmal geworden. Meine ältere Schwester Burgl hatte den Angriff von Dresden miterlebt. Sie bereicherte den Hausstand zu Axel, dem Hund, noch mit einer Ziege, die brav Milch gab. Gundi, aus ihrem Lehrerinneneinsatz im Osten gut heimgekommen, war vor der russischen Besatzung neuerdings nach Westen geflohen. Nur von meiner jüngsten Schwester wußten wir noch nichts.

Als ich eintrat in das schöne, gepflegte Haus, auf den Flur mit seinen getäfelten Wänden, schlug es mir wie eine warme Welle entgegen: „Schön, daß du da bist, jetzt kommen die anderen auch!" Es betraf den jüngeren Sohn des Hauses und den Sohn einer sehr lieben Wahltante aus Wien, die auch hier Zuflucht gefunden hatte. Tatsächlich kamen die beiden bald darauf auch heim. Der ältere Sohn des Hauses war im Osten gefallen. Die Zeit, die Ereignisse, die für jeden einzelnen dazwischen lagen, wir trugen sie mit uns. Zu frisch, zu bedrohlich war noch alles, um dafür Worte zu finden. Jeder von uns war ein Beladener mit seinem Schicksal. Über jedem von uns lag ein Schatten tragischer Vergangenheit, und in diesem Halbdunkel lebten wir gleichzeitig neben- und miteinander.

Ich kam gerade recht. Die Privatschwester meines Onkels war vor kurzem weggegangen, und ich durfte in dem kleinen Sanatoriumbetrieb im Haus gleich einspringen.

Ich hatte Mühe, mich an den gepflegten Haushalt zu gewöhnen, obwohl er mir guttat. Ich hätte mein Zimmer mit einer ganz lieben Obersteirerin teilen sollen. Ich vermochte es nicht. Ich nahm mir die Matratzen von Axel, dem Hund, und zog auf die Terrasse, mit einer Gummiplache als Zudecke gegen den Regen. Als es im Herbst zu kalt wurde, schlief ich am Dachboden zwischen Kisten und getrockneten Kräutern. Es erfüllt mich heute noch mit Dank, daß das, was für andere unverständlich bleiben mußte, mit so viel Respekt und Freundlichkeit hingenommen wurde.

Bei Tisch oder nach Tisch wurde am Sonntag meistens vorgelesen. Die fein nachgezeichneten Naturbeobachtungen von Adalbert Stifter taten wohl. Auch das Buch „Der Tod um Reval" von Bergengruen mit seinem fast sarkastischen Humor ist mir in lebhafter Erinnerung geblieben.

Wir wußten inzwischen, daß unsere beiden jüngeren Schwestern in Uttendorf bei unserem früheren Milchbauern untergekommen waren. Benachrichtigen oder gar ein Treffen ging damals nur umständlich zu Fuß über die Berge. Es lagen doch zwei fast hermetisch abgeriegelte Demarkationsgrenzen dazwischen. Trotzdem gelang uns das Zusammenkommen.

Wir saßen an einem Berghang zum Ennstal auf einer Wiese, die Sonne schien. Die Freude des Wiedersehens war übergroß. Da löste sich plötzlich meine innere Starre und bahnte sich im Weinen den Weg frei. Die anderen erschraken und wollten mich trösten. Ich konnte ihnen nicht begreiflich machen, wie glücklich ich war, wie wohl es mir tat, daß ich wieder weinen konnte. Ein Stündchen saßen wir wohl noch beisammen, bis wir uns wieder auf unsere Schleichwege aufmachen mußten, um heimzukommen.

In den letzten Tagen des Zusammenbruches setzte ein rücksichtsloses Plündern von militärischen Depots durch die Bevölkerung ein. Die Eltern, die zwar selbst nichts hatten, wollten sich daran nicht beteiligen. Nur einen verstaubten Strohsack nahmen sie vom Straßenrand mit. Sie hatten die Absicht, ihn zu waschen, neu zu füllen und so wenigstens für eines der heimkehrenden Kinder ein „Bett" zu haben. Im Haus, beim Öffnen des Jutesackes, war große Überraschung. Statt mit Stroh war er gefüllt mit reiner Schafwolle. Als ich heimkam, lernte ich spinnen. Es war ein unerschöpflicher, kostbarer Vorrat, den Mutter in ihrer Bescheidenheit besaß.

Die Pflege meiner Patienten unter „normalen" Bedingungen machte mir große Freude. Aber zunehmend belastend wurde die Erfahrung, daß ich immer wieder beim Sterilisieren der Spritzen die Zeit vergaß und sie bis zur Unbrauchbarkeit verschmorten. Dabei gab es damals keine neuen Spritzen zu kaufen. Es war mir unmöglich, die damals geforderten zehn Minuten Kochzeit in Erinnerung zu behalten. Als ich das begriff, steckte ich das nächstemal den großen Küchenwecker in meine Schürzentasche, um ihn bei mir zu haben, wenn er läutet. Nach ein paar Minuten war alles bereits so sehr vergessen, daß ich mich wunderte, warum ich den großen Wecker in meiner Tasche hatte. Die Schürze würde ja nur beschädigt. Ich nahm ihn heraus und stellte ihn irgendwohin. Die Spritzen waren verschmort.

Da wurde mir klar, daß ich mit diesem Gedächtnisschaden für meinen Beruf unbrauchbar geworden war. Es bestand ja die Gefahr, daß ich bei meinen Patienten auch anderes vergessen könnte.

Ich mußte weg aus dem Beruf, weg von Rottenmann.

Ein Vierteljahr versuchte ich an der Kunstgewerbeschule Graz in der Malklasse mein Selbst wiederzufinden. Es war nicht der richtige Platz. Die Fragen dieser Menschen waren nicht meine Fragen.

Dabei erlebte ich viel Schönes in dieser Zeit. Freundeskreise, das Zusammenwohnen mit meiner jüngsten Schwester und meinem Cousin, die von Rottenmann ihr Studium wiederaufgenommen hatten, in einer schönen Wohnung von Verwandten. Wir hatten kaum Geld, die Sparbücher waren eingefroren. Ich schnitzte Holzteller für ein Grazer Geschäft.

Ich verwirklichte mir einen alten Traum und nahm Reitstunden. Es war herrlich. Einmal warf mich meine Stute so unglücklich ab, daß ich mich verletzte. Ich erlebte mich am Boden sitzend, wie jemand meine Arme eifrig bewegte. Ich muß kurz bewußtlos gewesen sein, kam noch heim, hatte Mühe, die Treppe hinaufzusteigen, und lag, mit ziemlichen Rückenschmerzen, fast zehn Tage im Bett. Mein rechtes Bein konnte ich gar nicht heben, es war wie fremd. Eine Röntgenaufnahme vom Becken zeigte nichts. Daß ich mir den siebten Brustwirbel gebrochen hatte, wurde erst zwanzig Jahre später entdeckt, als ich wegen meiner Rückenbeschwerden das erstemal auf Kur geschickt wurde. Sobald wieder Leben in mein Bein kam, stand ich auf und versuchte, mich nicht mehr darum zu kümmern. Ich war noch so unter dem Eindruck der schweren Kriegsverletzungen, daß ich meine Beschwerden nicht ernst nehmen und einordnen konnte. Die Probleme mit meiner Wirbelsäule sollten mich mein ganzes Leben lang begleiten.

Voll Freude über mein frisch erworbenes Diplom

Bei meiner Tagesarbeit

Nachts. Fliegerabwehr, Leuchtspurmunition und Scheinwerfer durchschneiden bei Alarm das Schwarz des Himmels, begleitet von Zischen und Krachen und dem Aufschlag von Splittern

Unser Stationsteam für hundert Schwerverletzte: DKS S., Sanitäter H. K., Hilfssr. M. ...

... DKS „Lisl" (mit Sanitäter H. K.)

Auf der Flucht oder „Der planmäßige Rückzug", wie es offiziell hieß

Innen war es eng. Entweder Sitzen oder Liegen, ein „und – auch" war aus Platzgründen kaum möglich.

Ich versuchte, die Formen, die der Meister im Großen drehte, in Puppengeschirrgröße zusammenzubringen.

Meine Formen wurden sicherer und größer.

Schachfiguren am Brett

Nußknacker

Als Leitung des Pflegedienstes im LKH Feldbach

Verloren in Raum und Zeit
Suche nach neuem Anfang

Töpferei

Es war Mai 1946. Über das Heimatwerk in Graz fand ich den Töpfer mit den schönsten Gefäßformen. Er lebte in einem kleinen Dorf in der Oststeiermark, weitab vom Verkehr. Ich suchte ihn auf. Meine Schwester begleitete mich. Das Bild von damals hat sich mir tief eingeprägt. Ein untersetzter, stämmiger Mann, mit einem Kopf, der massiv zu den kräftigen Schultern überging, ohne den Hals sichtbar zu machen. Barlach konnte solche Figuren schnitzen. Er stand vor dem kleinen oststeirischen Bauernhaus am Ende des Dorfes. Ein langes Brett, vollgestellt mit großen Tongefäßen, trug er, anscheinend mühelos, auf einer Schulter und setzte es zwischen zwei blühenden Apfelbäumen in die Astgabeln ab. Dann nahm er bedächtig Topf für Topf in die Hand und säuberte die Bodenränder. Es war Stille bis auf ein paar gackernde Hühner. Er antwortete auf unseren Gruß, ohne sich stören zu lassen.

Ich fühlte plötzlich: Hier ist mein Platz!

Er zeigte uns willig die Werkstatt, und auf meine Frage, ob ich bei ihm als Lehrling anfangen dürfe, sagte er sehr kühl, er brauche niemanden. Im weiteren Gespräch machte es fast den Eindruck von endgültig. Da änderte ich meine Frage: „Darf ich auf Ihrer zweiten, leerstehenden Scheibe arbeiten? Ich brauche kein Geld, sonst auch nichts von Ihnen. Ich möchte nur hier arbeiten und lernen dürfen." Fast knurrend gab er sein Ja.

Ich war überglücklich ein paar Tage später zur Stelle.

Mit drei alten Frauen im größten Bauernhof des Dorfes durfte ich den Schlafraum teilen. An den Wochenenden und in den Morgen- und Abendstunden half ich bei ihnen mit, übernahm die Gartenpflege und durfte dafür jeweils am Essen teilnehmen. Den Rest meines Appetites stillte ich mit Fallobst. Während der Normalarbeitszeit saß ich an der Scheibe neben dem Meister und versuchte, die Formen, die er im Großen drehte, in Puppengeschirrgröße zusammenzubringen. So ging es die ganzen zwei Sommermonate über.

Zu meiner großen Überraschung nahm er mich dann im Herbst als Lehrling auf. Ab jetzt gab es wieder einen monatlichen Lohn von vierzig Schilling. Es kam noch Stanzi, eine Lehrerin dazu, die auch einen neuen Anfang für ihr Leben suchte.

Später durfte ich dann die Scheune des Meisters bewohnen, am Waldrand hinter dem Haus, das letzte Gebäude des Dorfes. Ein gebogener Nagel zum Herumdrehen war der Verschluß meiner Türe. Früher einmal stand hier der Brennofen. Es war ein kleiner, feuchter Raum mit zwei winzigen Fenstern, einem morschen Bretterfußboden und einem stark verrosteten Eisenöferl. Der Boden der Feuerstelle hatte Löcher bekommen. Ich konnte einen Dachziegel darauf legen und so verhindern, daß die brennenden Scheiter durch die Löcher auf den Fußboden fielen. Obststeigen dienten als Möbelstücke. Zwei Bretter darüber und ein Strohsack darauf, und schon hatte ich ein Bett.

Ich war glücklich. Endlich hatte ich ein eigenes Haus. Ich lud mir Gäste ein, eine Freundin aus Wien, sie blieb vierzehn Tage, durfte in der Werkstatt mitarbeiten. Sie war Bildhauerin, und wir waren verstrickt in aufregende Diskussionen. Von Graz kam Besuch, mein Vetter sogar mit der Geige, er gab im Wald ein Konzert.

Ich lebte wie auf einer Insel fernab der Welt. Ein breites Tal zwischen den flachen Hügeln, die südostwärts zogen, bot Raum für Felder, in guten Jahren mit drei Fruchtfolgen. Die Häuser waren links und rechts der Straße angestreut, hufeisenförmig zu den Feldern hin offen und zur Straße mit einem großen Tor verschlossen. Sie schienen direkt aus der Wiese herauszuwachsen, keine Zäune, keine Hecken trennten sie, die Dorfstraße und ein kleines Bächlein wie die Ader eines Blattes alles verbindend. Gänse und Hühner belebten das Bild und wurden vom Wasser nur vertrieben, wenn die Frauen die Wäsche spülten. Das Leben der Leute spielte sich vorwiegend auf den Feldern und nur abends in den Häusern ab. Das Vieh reichte für den Eigenbedarf, als Zugtiere und für die Ernährung. Zu dieser Zeit begann gerade der Lehrer der kleinen Schule die Bauern zu überzeugen, daß der Wendepflug günstiger als ihr alter starrer Pflug sei. Ein Bauer war bereit, ihn auszuprobieren, mit der Drohung: „Du, Lehrer, wenn die Ernte heuer nichts wird, mußt du zahlen!" Mit jedem Buben, der am Ende seiner Schulzeit stand, ging der Lehrer auf dessen Hof, um ihm das Okulieren eines Obstbaumes praktisch zu zeigen.

Noch war ich tief der Vergangenheit verhaftet. Jedes beginnende Muh einer Kuh ließ mich aufschrecken, weil es genau dem Beginn der Alarmsirene glich. Jeden Morgen erwachte ich schweißgebadet, zerschlagen. Die Traumphasen brachten nur Bilder vom Rückzug, Verfolgung, Angst und Schrecken. Die Stimmung der Träume warf ihre Schatten auf die Tage. Es sollten nahezu zehn Jahre vergehen, bis sie ihre Macht ganz verloren hatten.

Mein Gedächtnis verweigerte mir Namen und Zahlen. Ich hatte Angst, die Namen meiner Geschwister und Eltern zu vergessen. Seltsamerweise hatte ich nie Angst um meinen eigenen Namen. Der Umgang mit Zahlen war mir völlig fremd geworden. Als ich das meiner jüngsten Schwester erzählte, die ab und zu von Graz auf Besuch kam, half sie mir. Ich sehe uns auf der grünen Wiese vor meinem Stadel liegen, ein Blatt Papier zwischen uns. Sie zeigte mir Subtrahieren, Multiplizieren und Dividieren. Ich staunte, wie einfach das war, und freute mich.

Alles war noch in Frage gestellt, mußte neu erfahren werden. Bis jetzt eingebunden in ein „Wir", mußte ich mich erst selbst kennenlernen. War ich imstande, mit meinem Lehrlingsgehalt auszukommen, mir selbst zu kochen, mein Leben allein zu gestalten?

Wertvorstellungen und Gefühle wurden im Nazideutschland und zusätzlich durch den Krieg schwer mißbraucht und verletzt. Zurück blieben nur quälende Fragen: Wie kann ich noch von Treue sprechen, wo ich doch Patienten dem Tod preisgegeben habe? Ich bin desertiert und habe ein heimliches Versprechen an Gott nicht eingehalten. Wo beginnt, wo endet meine persönliche Verantwortung, meine persönliche Freiheit? Worin lag sie in diesen schlimmen Jahren? Wo waren die Grenzen? Ich kam zu diesem Ausweg: Das, was mir zugeteilt, zugemutet wird, das ist eben das Leben, in all seiner Vielfalt und Unberechenbarkeit. Solange ich über meine Sinne verfügen kann, liegt mein Stück Freiheit darinnen, wie ich mich dazu stelle und wie ich versuche, mich darauf einzulassen, und wie ich die Ereignisse verarbeiten würde. Das heißt, wach bleiben, hinschauen und kritisch darüber nachdenken. Wären meine Sinne getrübt, wie bei dem Mann, der seine junge Frau mit dem Säugling im Wald suchte, wäre die Verantwortung von mir genommen. Ich versuchte, mich im Bereich der bildenden Kunst im Beurteilen und Entscheiden zu üben, besonders in der zeitgenössischen Kunst. Wo ist wirkliche Aussage, geht es um Werte, ist es Kunst oder Kitsch, ist es banale Information? Wenn ich damit auch nicht aus meinen Zweifeln herauskam, so hat doch diese Zeit des intensiven Überlegens mir manch schönes Fenster in die Kunst geöffnet.

Langsam tastete ich mich wieder in mein neues Leben hinein. Die Tage an der Töpferscheibe brachten neue Dimensionen. Es waren Bereiche, die an meine Kindheit anknüpften: das Spüren des Körperhaften, die Spannung, die einer Form Kraft und Schönheit verleiht. Meine Finger, die Hände, ja der ganze Körper waren es, die Tonklumpen auf der Töpferscheibe zu Gestalt und Form werden ließen. Neben mir saß der Meister und an der dritten Scheibe, auf meiner anderen Seite, Stanzi. Die Kunden kamen, Bauern, nicht nur, um die Frauen in Hosen zu sehen, etwas noch nie Dagewesenes, sondern auch, um zu bestellen: eine Schüssel für gekochte Bohnen für sieben Leute oder einen Mostkrug für sechs Leute mit oder ohne Schnabel-Ausguß. Es waren Maße nach menschlichen Bedürfnissen, und doch wußte der Meister auch bei großen Gefäßen die Literzahl fast ganz genau zu schätzen. Er drehte noch händisch so große Gefäße, wie ich sie später nur mehr auf Kreta, aus antiker Zeit, angetroffen habe, die als Speicher für Körner und Öl dienten.

Gesprochen wurde nicht mehr als unbedingt nötig, auch das tat gut. Wir gruben den Lehm vom meisterlichen Grund, suchten Wurzeln und Steine heraus. An der Hauswand mußte er dann ein bis zwei Jahre abliegen. Ganz urtümlich wurde der Lehm dann mit den Füßen zu großen Ballen aufgetreten, im Keller gelagert und erst vor dem Drehen mit den Händen nochmals aufgeknetet. Überall hieß es Hand bzw. Fuß anlegen. Nur das Brennen war ausschließlich Meistersache, eine Arbeit fast über drei volle Tage und Nächte. Große Erfahrung und richtiges Deuten vieler kleiner Hinweise waren nötig, um gute Ware zu bekommen.

Damals waren noch Bleiglasuren in Verwendung. Zwei Tage trieben wir zwei Frauen händisch die großen Mühlsteine, die den Bleistaub und die anderen Bestandteile zu einem dicken, gleichmäßigen Schlamm vermengten. Bleistaub und die giftigen Abgase vom Brennofen erfüllten dann die Werkstatt, erzeugten Kopfschmerzen und Übelkeit. Wir wußten damals nur, daß es zu unserer Arbeit dazugehörte.

Das Drehen belastete meinen schmerzenden Rücken extrem. Der Meister und Stanzi rauchten ab und zu eine halbe Zigarette und hatten dadurch eine kleine Pause. Wenn ich solange nichts tat, zeigte er sich sofort verärgert. So fing ich, trotzdem es mir anfangs nicht schmeckte, regelmäßig zu rauchen an. Es sollte achtzehn Jahre brauchen, bis ich es wieder lassen konnte.

Der Meister bekam oft von seinen Kunden als Entgelt oder Draufgabe Zigaretten geschenkt, damals Mangelware. Er teilte sie immer mit uns, ein Zeichen seiner Großzügigkeit! Nie bot er uns aber von seinen Lebensmitteln an! Er mußte wissen, daß wir wenig zu essen hatten. Riesige Tongefäße mit Schweineschmalz und Vorräte an Feldfrüchten lagerten im Kellerraum neben der Werkstatt. Wir begriffen, daß es nicht Geiz von ihm war, sondern daß er nur dort von sich aus teilen konnte, wo er selbst Mangel erfahren hatte; für mich eine wichtige Erfahrung. Er hatte Hunger eben nicht kennengelernt. Stanzi und ich konnten es, so wie es war, akzeptieren. Ein einziges Mal nur strichen wir uns „quasi symbolisch" in seiner Abwesenheit ein Schmalzbrot.

Ein Erlebnis war das „Marktfahren". Mit einem Ochsen und dem vollgeladenen Leiterwagen ging es ganz früh los. Ausnahmsweise kam der Meister für eine Jause auf. Äpfel, Schmalzbrot und Most. Im jeweiligen Dorf legten wir am Straßenrand auf dem Wiesenstreifen die großen Schüsseln, Krüge und Plutzer (dickbauchige, fast kugelförmige Tongefäße mit ganz engem Hals) aus. Weihwasserbehälter, unser Puppengeschirr und Pfeifvogerln durften nicht fehlen. Wir boten die Ware feil und handelten um den Preis. Waren wir zu nachgiebig, war der Meister verärgert, bei guten Preisen stieg sein Meisterstolz, und wir bekamen von ihm Ware geschenkt, die wir in Eigenregie verkaufen konnten. Erlebnisse, die heute, wo ich es niederschreibe, fast wie ein Traum erscheinen, Bilder vom Märchen, ein Stück vom „König Drosselbart" als erlebtes Leben.

Diese gesammelten Bild-Schätze vermochten langsam das Gewicht des Lebens wieder auf seine Seite zu ziehen.

Von der Berufsschule war ich befreit. Meinem Gedächtnis traute ich es damals noch nicht zu. Aber meine Gefäßformen wurden sicherer und größer, und mein Meister war mit mir zufrieden.

Ich stand nun schon eineinhalb Jahre in der Lehre. Langsam fing ich an, mir eine Zukunft vorzustellen. Ein paar Modellierversuche wurden wohl ganz ordentlich, aber für ein selbständiges Künstlerleben würde meine Begabung nicht reichen. Gutes keramisches Geschirr zu erzeugen lag im Bereich der Serienarbeit. Das wollte ich nicht. Es wurde mir klar, daß ich, in welcher Form auch immer, in einen Sozialberuf zurückkehren würde. Bei dem Gedanken, jetzt abzubrechen, hatte ich mich im Verdacht, daß ich dort, wo sich Schwierigkeiten oder Probleme einstellten, das „Davonlaufen" zum Prinzip in meinem Leben machen würde. Ich nahm mir vor, diese Ausbildung auf jeden Fall mit der Meisterprüfung ordnungsgemäß abzuschließen. Damit waren die nächsten viereinhalb Jahre vorgezeichnet. Die Meisterprüfung ließ mir außerdem die Möglichkeit, einen Betrieb mit Lehrlingen zu führen (z.B. eine Behindertenwerkstätte) oder den Gegenstand an einer Institution zu unterrichten. Meine handwerkliche Erfahrung ließe sich da mit hineinnehmen.

Vater wurde wieder beruflich gebraucht. Beim Kraftwerksbau im Zillertal traten Schwierigkeiten auf, die genau Vaters Spezialwissen betrafen. Die Eltern lebten bereits in Zell am Ziller.

Es war Jänner 1947 und der Schneefall so heftig in der Oststeiermark, daß Post und Autobus lahmgelegt waren. Da brachte mir meine jüngste Schwester von Graz zu Fuß das Telegramm aus Tirol, daß Mutter mit Rotlauf in ihrem Untermietzimmer in Zell am Ziller liege und ob ich kommen könne. Für mich war das selbstverständlich. Mein Lehrverhältnis konnte rasch im Einvernehmen gelöst werden. Mein Meister brachte dafür Verständnis auf.

Eine kleine Weile durfte ich wieder das Leben mit meinen Eltern teilen. Mutter wurde bald gesund. Ich setzte in Mayrhofen im Zillertal in einer Keramikwerkstätte meine Lehrzeit fort.

Der Meister, ein Keramikprofessor einer Berliner Kunstgewerbeschule, hatte sich während des Krieges in dieses Bergtal zurückgezogen, um den Wirrnissen dieser Zeit zu entgehen.

Der kleine Betrieb war in einer Baracke im Wald untergebracht. Wir fünf Beschäftigten stellten gutes Gebrauchsgeschirr her. Ein sehr elegantes Geschirr mit „Terra-sigillata-Glasur", wie sie nur aus der Römerzeit bekannt ist, wurde handgedreht und blieb sein Betriebsgeheimnis, in das nur eine Angestellte eingeweiht war. Alles andere blieb Serienarbeit. Ich konnte wenig dazulernen, aber die Zeit wurde mir angerechnet.

Ich bewohnte ein geräumiges Zimmer in einem alten Bauernhaus, mit Zirbenholz ausgetäfelt. Eine Holzbank, zum Sitzen einladend, lief alle vier Wände herum wie eine Girlande, nur die Türe und die Stelle des großen Tischherdes aussparend. Mein niederes Bett und ein alter Bauerntisch ergänzten die Einrichtung. Nur mehr ein kleiner Streifen Wiese rund um das Haus gehörte dazu. Der Besitzer war seit dem Krieg vermißt in Rußland. Die Frau mit den drei kleinen Kindern hatte Mühe, den Lebensunterhalt mit Schwerstarbeit zu verdienen. Sie starb ein paar Jahre, nachdem ich fortgezogen war, und die drei noch kleinen Kinder blieben als Vollwaisen zurück. Die Freundschaft mit ihnen sollte bis an den heutigen Tag anhalten.

In dieser Zeit der inneren Ausrichtung erlebte ich ein Phänomen, das mich sehr zum Nachdenken anregte. Der Chef fuhr häufig nach Jenbach, auffallend oft in Zusammenhang mit geschäftlichen Problemen. Im Laufe der Zeit erfuhr ich, daß er dort jede wichtige Entscheidung mit seiner Wahrsagerin besprach. Ich war erschrocken und betroffen, erlebte mich plötzlich in einem Raum ohne Konturen. Ich spürte ein Bedürfnis nach einem Gegenüber. Für mich wurde deutlich, daß es einem menschlichen Bedürfnis entspräche, ein inneres Leitbild zu haben, auf das wir unser Leben ausrichten können. Der Gedanke, mich innerlich an eine Wahrsagerin auszuliefern, war mir unerträglich und erschien mir auch menschenunwürdig. Damals nahm ich mir vor, mich auf die Vorstellung von Gott wieder oder neu einzulassen und im Rahmen des christlichen Glaubens mein Zuhause zu suchen.

In Mayrhofen ist das Zillertal eng, nach Süd-Nord gerichtet, rücken die hohen Berge nahe zusammen, lassen nur einen kleinen Streifen Himmel frei. Er ist gerade so groß, daß das Sternbild des Großen Wagens mit seiner Deichsel um den Polarstern seine Kreise ziehen kann, ohne an den Bergen anzustoßen. Als ich nach einem Jahr das erstemal nach Saalfelden fuhr, das in einem breiten, offenen Talboden liegt – Vater war dorthin zu einer neuen Aufgabe gerufen worden – stieg ich abends bei Dunkelheit aus dem Zug. Staunend blieb ich stehen, fast erschrocken. Ich hatte vergessen, wie groß der Himmel ist, wie unfaßbar groß die Zahl der Sterne.

An den Wochenenden wanderte ich auf die Berge. Ich war Alleingeherin geworden, fühlte mich wohl in der Bewegung des Raumes, im Verändern meines Standpunktes, im Gewinnen von neuer Sicht. Es war nicht nur die Schönheit der Landschaft, die mir wohltat. Es war auch hilfreich für das Bewegen meiner Gedanken. Ich wurde mir meiner Isolation zunehmend bewußter. Es war mir nicht möglich, mich am Gespräch meiner Arbeitskolleginnen zu beteiligen. Auch erschien es mir unmöglich, eigene Wünsche zu äußern. Ich bekam das Gefühl, Außenseiterin zu sein. Es begann mich zu bedrücken.

Wieder half mir meine jüngste Schwester, mein Bewußtsein zu erweitern und aus der kriegsbedingten Starre herauszufinden. Sie besuchte mich. Wir gingen über die weit ausschwingenden Berghänge, als sie mir ein Spiel vorschlug: Jede wünscht sich im geheimen von der anderen etwas, und vor dem letzten Zaun, bevor wir die Talsohle erreichen, soll sie im Gespräch die Zu- oder Absage der anderen erreicht haben. Wir genossen die Fülle von Schönheit, Berge, Blumen, den Frühling, der uns entgegenlachte, und unser Zusammensein. Meine Schwester fand Gefallen an meinem Rock, den ich anhatte, brachte es nebenbei immer wieder ein und warb um ihn. Unerwartet blieb sie plötzlich stehen, sah mich voll Erwartung an und meinte: „Schenkst du mir deinen Rock? Ich möchte es nur wissen." Ich überlegte, ob ich wirklich einen meiner zwei Röcke entbehren könnte, meinte ihre Sehnsucht danach zu spüren und sagte ja. Da hüpfte sie voll Vergnügen: „Gewonnen, gewonnen!" Wir standen vor dem letzten Zaun vor dem Talboden. Ich war verblüfft. Was war geschehen?

Ich fand keinen eigenen Wunsch, hielt mich auch nicht lange damit auf, ihn zu suchen. Der Wunsch meiner Schwester verlor bei mir sofort den Gedanken des Spielerischen. Er wurde mir zum ernstlichen Problem, weil ich ja nur zwei Röcke besaß. Es wurde mir bewußt, daß nach den existentiellen Nöten des Krieges meine eigenen „kleinen" Wünsche kein Lebensrecht hatten. Die Möglichkeit, an eine Frage so heranzugehen, daß man sich vorerst spielerisch darauf einließ und es mit Neugier probierte, war ganz neu und spannend für mich. Das andere Ergebnis des Tages war: Schafft gemeinsame Erlebnisse, dann könnt ihr gemeinsam darüber sprechen!

Ich ergriff die nächste Gelegenheit dazu. Eine von Mayrhofen organisierte Fahrt zur Glockenweihe des Salzburger Doms. Meine Kolleginnen aus der Werkstatt waren dabei. Der Tag war schön, der festliche Anlaß breitete sich spürbar über die ganze Stadt aus und schloß alle mit ein. Die Fahrt in unseren zwei Bussen bot eine Fülle kleiner heiterer Begebenheiten. Der Erfolg dieser Fahrt war für mich befreiend. Mein Gesprächsstoff reichte nun aus, daß ich Übung und Zutrauen gewann und wieder in ein gemeinsames Gespräch über Alltägliches hineinwachsen konnte.

In dieser relativ nüchternen Werkstattwelt mit ihrer Serienarbeit fehlte mir gestaltendes Tun. Ich schnitzte Schachfiguren. Je härter das Holz war, um so mehr Freude machte es mir, die Charakterköpfe der Bauern herauszuarbeiten. Ich wählte heimisches Nußholz. Die Vorbilder holte ich mir einmal die Woche im Gasthaus. Mit einem Notizblock und Bleistift bewaffnet, beobachtete ich die anderen Gäste, während ich einen Tiroler

Knödel verzehrte. Die Zeit mußte ich mir so einteilen, daß ich in der Werkstatt mein normales Pensum erreichte und trotzdem geschlossene Zeit zum Schnitzen hatte. Eine Nacht ging ich nach Arbeitsschluß gleich zu Bett und schlief bis in den Morgen, die andere Nacht schnitzte ich an einem Kopf bis drei Uhr. So konnten die Figuren auch einheitliches Gepräge erhalten. Es sollte eine kleine Freude für meinen Onkel in Rottenmann sein, der eifriger Schachspieler war.

Meine drei Lehrjahre gingen zu Ende und konnten nun mit der Gesellenprüfung ordnungsgemäß abgeschlossen werden. Trotz meiner Probleme mit Zahlen- und Namengedächtnis wollte ich es versuchen, mich wieder auf ein normales Lernprogramm einzulassen. Ich besorgte mir die schriftlichen Unterlagen (den Unterricht hatte ich ja nicht besucht) und meldete mich in Innsbruck zur Prüfung an. Mein Mut war gewachsen, es einfach zu versuchen, auch auf die Gefahr hin, daß es mißlingen könnte. Nur mehr, wenn ich im Lernen nachlässig wurde, kamen meine Angstträume vom Krieg wieder. Ich lernte sie so zu deuten, daß ich mich durch sie zu mehr Lerneifer anspornen ließ, worauf sie jedesmal verschwanden. Zu meinem Staunen und zu meiner großen Freude bestand ich die Gesellenprüfung und konnte mein Lehrlingsverhältnis abschließen.

Mein Meister war nicht interessiert, mich weiter als Gesellin zu beschäftigen, wohl aber an seinem Weihnachtsgeschäft. Der Kompromiß war: Gesellenlohn ja, aber nur bis Mitte Jänner 1950. Ich hatte somit etwas Spielraum, meine Zukunft zu überlegen.

Die Gegebenheiten waren folgende: Mein Ziel war, einesteils wieder in einen Sozialberuf zurückzukehren, andernteils meine Handwerkszeit mit der Meisterprüfung abzuschließen. Ich war an der Einhaltung von drei Gesellenjahren interessiert. Lehrlinge wurden problemlos genommen, auch wegen ihres niedrigen Lohnes, Gesellen nicht mehr so gerne. Dazu kam die Befürchtung, daß sie später als Meister Konkurrenten würden. Letzteres war auch der Hauptgrund, daß ich in den Gesellenjahren nur zu Routinearbeiten eingesetzt wurde und nichts dazulernen konnte. Das bewog mich, einen Kompromiß zu suchen. Es würde genügen, wenn ich einen Betrieb fände, in dem ich halbtags arbeiten könnte, aber ganztags geführt würde. Die daraus für den Meister entstehenden Mehrkosten müßte ich ihm natürlich ersetzen. In der anderen Hälfte der Zeit mußte ich so viel verdienen, daß ich diese Vergütung der Mehrauslagen leisten und selbst noch leben konnte. Ich wählte Graz als Standort.

Bei der Oberin der Rotkreuzschwesternschaft der Steiermark sprach ich vor, erzählte ihr mein Anliegen wegen einer Halbtagsbeschäftigung und daß ich für den anderen halben Tag eine Töpferei suchen würde. Wenn das mit der Töpferei nicht klappe, müsse ich wieder gehen. Ich hätte dies auch gerne vertraglich mit ihr festgelegt. Sie sah mich sehr erstaunt an und meinte, solche Verträge seien unter Schwestern nicht üblich. Nach kurzem Nachdenken war sie aber einverstanden. Ich wurde im noch letzten vorhandenen Lazarett in Graz halbtags eingesetzt.

Im handwerklichen Vorhaben scheiterte ich. Die Innung war damals an zukünftigem Meisternachwuchs nicht interessiert. Ich fand keinen Betrieb, der mich nahm. Somit löste ich mein Dienstverhältnis einvernehmlich wieder auf und ging nach Wien.

Durch meine Bildhauerfreundin dort fand ich eine Werkstätte und eine Zweitbeschäftigung in der Neulandschule. Zur Philosophie der Direktorin gehörte, daß die Kinder einen Bereich der Schule haben sollten, in dem sie sich emotional und schöpferisch ausdrücken konnten. Sie übernahm in allen Klassen den Zeichenunterricht. Ungefähr im dritten Schuljahr, wenn das räumliche Bewußtsein in den Kindern erwacht, wollte sie auch räumliches Gestalten anbieten. So bekam ich in der Schule einen Werkraum und Ton.

Für Kost und Quartier war damit gesorgt, und die Arbeit brachte gerade so viel Geld, daß ich dem Töpferbetrieb die Unkosten ersetzen konnte. Zwei Jahre blieb ich an dieser Schule.

Meine erste Stunde werde ich nie vergessen. Meine Vorgaben waren: Die schwachen Schüler sollten in meiner Stunde Erfolgserlebnisse verbuchen, unruhige Kinder etwas Freiheit bekommen, und die persönliche Ausdrucksweise jedes einzelnen sei überhaupt das Wichtigste. Ich hatte keine Ahnung vom Unterrichten.

Von einer Schar Buben umringt, stand ich im Arbeitsraum im Keller. Sie platzten fast vor Erwartung. Ein paar Tische und Sessel waren noch da und ein großer Klotz weicher Tonerde. Jeder durfte sich von der Mitte eine Handvoll nehmen. Ich forderte sie auf, diese weiche Masse kennenzulernen: kneten, streichen, spüren und hören, wie sie sich dabei verändert, der Klang beim Hinunterfallen von weich und/oder hart und das Verbinden zweier Stücke, das Eindrücken von Mustern.

Die Kinder waren selig! Sie jubelten, und ich verstand mein eigenes Wort nicht mehr. Ton flog durch die Luft, klebte an Decke, Wänden und

Boden. Strahlend vor Glück, verließen diese süßen Kinder am Ende der Stunde den Raum. Ich war stockheiser, auch noch an den nächsten Tagen und in der nächsten Stunde mit ihnen. Mir half meine Neugier, wie das weitergehen würde. Noch immer ohne Stimme, versuchte ich, den Kindern zu zeigen, wie mit den Fingern eine Schale geformt wird. Sie waren mucksmäuschenstill, damit ihnen ja nichts entgehe. Ich war gerührt.

Im Laufe dieser zwei Jahre kamen alle Klassen ab der dritten Klasse Volksschule zur Tonarbeit. Erfrischend war das, was diese jungen Menschen durch das Medium „Ton" auszudrücken vermochten. Die Arche Noah entstand mit bezaubernden Tierfiguren, Weihnachtskrippen, Gefäßformen, fast jedes Stück ein Portrait seines Schöpfers. Zwei ganz unruhige Kinder ließ ich einmal vorturnen, und die anderen machten aus Tonwürstchen Bewegungsstudien dazu.

Meine Sehnsucht nach Musik stillte ich als Mitglied des Bachchores in Wien. Ich erlebte die Sängerin Schwarzkopf aus unmittelbarer Nähe. Den jungen Karajan hörte ich schon ganz zu Beginn seiner Dirigentenzeit. Seine Generalproben, die fast oder ganz kostenlos waren, machten mir dies möglich.

Eine Zeitlang arbeitete ich tatsächlich halbtags in einer Töpferei, drehte in einem finstern, bombenbeschädigten Kellerraum Spitzvasen für Friedhöfe. Ich tauchte ein in eine mir bis dahin unbekannte Welt der Arbeiterinnen, erfuhr ihre eigene Würde, ihre Grenzen, Kollegialität und ihre ungenierte und direkte Aussage im Gespräch. Es war eine wichtige Bereicherung, und da ich voll aufgenommen wurde, auch eine sehr schöne Zeit.

Als sich die Schulstunden ausweiteten, wechselte ich den Betrieb und übernahm nur mehr etwas Heimarbeit, um das nötige Taschengeld für alle Unkosten zu verdienen. Ich wurde zwar als Geselle geführt, bekam aber auch in Wien keine Bewilligung, mich zur Meisterprüfung anzumelden.

Meine Erkundigungen hatten in Salzburg Erfolg. Dort wurde meine Anmeldung zur Meisterprüfung angenommen. Ich fand auch Arbeit in einer kleinen Werkstatt in einer Baracke am südlichen Rand der Stadt und ein Zimmer auf dem halben Weg nach Golling. Da ich ein Rad hatte, war die Entfernung kein Problem. Die Erzeugnisse entsprachen zwar nicht meinem Geschmack, aber es handelte sich ja nur um dieses eine Jahr. Ich wurde als Geselle registriert und ganztags in der Werkstätte beschäftigt. So verdiente ich meinen Unterhalt. Lernen war für mein Gedächtnis zwar immer noch mühsam, aber ich wollte abschließen. Ich lernte abends in meinem Zimmer Handelsrecht, Staatsbürgerkunde, Buchführung usw. Unter der Tuchent vergraben, schaute nur die Hand heraus, die das Buch hielt. Diesen Winter heizte ich nicht, ich wäre in der Wärme sofort eingeschlafen. Meine Ernährung bestand aus Rohkost, dadurch sparte ich Kochzeit, und gegen Kälte gab es warme Milch. Daß ich die theoretische und die praktische Prüfung an der Töpferscheibe unter all diesen Umständen 1952 wirklich schaffte, war für mich wie ein Wunder.

Auch in Salzburg fand ich einen guten Madrigalchor und die Zeit dafür zum Mitsingen. Ich genoß das Hineinwachsen in ein Musikstück, sein Lebendigwerden durch das Üben daran und das Gefühl des Verbundenseins durch die Welt der Klänge. Zweimal nahm ich später noch an einwöchigen Singlagern teil, mit der Freude an der Qualität der Wiedergabe im Erspüren der kleinsten Nuancen. Es waren Tage der Fülle! Sie sollten der Abschluß sein für meine aktive Teilnahme an Musik. Später war ich nur mehr Hörerin.

Im Rückblick gibt es Ereignisse, bei denen das „Wie-es-geschah" so ausgeblendet aus der Erinnerung ist, daß ich es nicht mehr nachvollziehen kann. Aber das Ergebnis ist haftengeblieben. Dem Pianisten und Orgelspieler Novotny war es ein Anliegen in dieser Nachkriegszeit, Kompositionen von J. S. Bach in gepflegter Form zu verbreiten. Ich hörte von ihm und organisierte alles für ein Konzert in Salzburg: den Saal, die Werbung, die nötigen Kerzen, den Eintrittsmodus. Ich vermute, es gab nur Regiekosten. Mir ist nicht erinnerlich, wie ich das alles schaffte. Der Abend war gelungen, der Saal voll, die Stimmung bei Kerzenlicht und seinem wunderbaren, sensiblen Spiel hatte bei den Zuhörern einen tiefen Eindruck hinterlassen.

Meine Zeit in Salzburg war zu Ende. Meinem Meister hatte ich zu Beginn versprochen, daß ich nach der Meisterprüfung gleich kündigen würde, da er den unvermeidlich höheren Lohn nicht zu zahlen bereit war. Außerdem war das Ziel der letzten Jahre erreicht. Ich war frei.

Jahrzehnte später, erst in meinem Ruhestand, sollte diese faszinierende Töpferarbeit noch einmal Zeit und Raum in meinem Leben bekommen.

Pflege – unerschöpflich in ihren Dimensionen

Vater

Schon kurze Zeit, nachdem ich im Zillertal Mutter beim Gesundwerden unterstützt hatte, wurde Vater als staatliche Bauaufsicht zum Kraftwerksbau nach Kaprun gebeten. Die Eltern fanden in Saalfelden eine Wohnung. Aber Vater war schon lange recht krank. Sein Asthma hatte sich sehr verschlechtert. Er brauchte eine Sauerstofflasche neben seinem Bett. Leukämie wurde diagnostiziert, und ein radioaktives Mittel mußte damals noch direkt aus England für ihn bestellt werden, das er in Abständen injiziert bekam. Eine Darmfistel nahe dem After war sehr schmerzhaft. Vater war nicht bettlägerig, aber er brauchte viel Betreuung, mehr als Mutter allein leisten konnte. Meine Schwester Gundis wohnte zwar zu Hause, unterrichtete aber an der Schule in Saalfelden, und ihr kleiner, noch nicht einjähriger Bub Hansl brauchte sie auch. Es erfüllte mich mit großer Dankbarkeit, daß ich gerade frei war, um zu helfen.

In diesem Jahr zu Hause erlebte ich Pflege neu. Sechs Jahre Abstand zu meinem Beruf mußte ich überbrücken. Unser Bestreben war nicht, Vaters Lebenszeit durch Vorsicht zu verlängern, sondern alle von ihm gesetzten Impulse, die seine Tage lebenswert machten, behutsam zu unterstützen und zu begleiten. In meiner Rolle als Tochter konnte ich mich auf keine Vormachtstellung stützen, es gab keine Ausrede für autoritäres Vorgehen. Was immer ich tat oder wozu ich Vater bewegen wollte, mußte für jeden von uns mit begreifbaren Gründen erklärt werden. Es galt nicht, meine Vorstellung durchzusetzen, sondern das Nötige einvernehmlich herauszufinden. Diese Erfahrung war Gold wert. Manch pflegerische Eigenheit durfte ich dabei ablegen. Ich erlebte auch Mutter in ihrer Rolle. Als Ehefrau wurde ihr von Vater manche Grenze gesetzt, die er bei mir nicht zu brauchen schien. Auch Gundis mit ihrer Schule und dem kleinen Hansl, wir alle bildeten ein feines Netz von Aufgabenteilung, Einverständnis und Zusammenspiel, so daß die Zeit in meiner Erinnerung trotz allem eine reiche, erfüllte und gute Zeit war.

Der kleine Hansl brachte viel Frohsinn in unsere Tage. Das Erwachen dieses jungen Lebens, die strahlende Freude, wie er seine Welt entdeckte, und das große Vertrauen uns gegenüber war ein Geschenk an Vater und für uns alle. Wir waren dankbar dafür. Aber bald löste Gundis ihre Anstellung in der Saalfeldener Schule und zog mit dem kleinen Hansl zu ihrem Mann nach Wien.

Wir spürten, daß Vater seine Arbeit so lange wie möglich wahrnehmen würde. Er wußte um seine begrenzte Lebenszeit. Es galt, seinen Wunsch nach persönlichem Einsatz zu unterstützen, ihm dabei möglichst viel Sicherheit zu geben. Manchmal, wenn er es wünschte, begleitete ich ihn mit einer Morphiumspritze auf den Bau, von der er übrigens unterwegs nie Gebrauch machte. Ein junger Geologe wurde ihm zu seiner Unterstützung zugeteilt. Es wurde eine tiefe Freundschaft daraus. Zu mancher geologischen Begutachtung wurde er mit dem Baukran hinabgelassen, oder er ritt auf dem Pferd hin, wenn er mit seiner Atemnot die Baustelle nicht anders erreichen konnte. Wir hatten keine Angst um ihn. Wir wußten, daß er mit seinem Leben einverstanden war, so waren wir es auch. Wenn er dann vollkommen erschöpft heimkam, versuchten wir, ihn wieder langsam aus dem Tief herauszuholen. Mutter las Vater oft stundenlang vor. Es waren schöne Bücher, z.B. Ortega y Gassets „Aufstand der Massen". Erinnerlich ist mir noch ein Buch über die Erforschung der Sonne, noch bevor es die heutigen modernen Mittel der Beobachtung gab.

Auch zu Hause blieb mir noch Zeit, um meiner Freude an Holzarbeit nachzugehen. Es entstanden neuerdings Schachfiguren, diesmal für meinen Grazer Cousin. In meinen steirischen Töpferjahren hatte ich in seiner Familie ein zweites Zuhause gefunden. Zwei Nußknacker entstanden, für die ich auf Vaters Wunsch zuerst einen genauen Quer- und Aufriß zeichnen mußte. Für die Stoffdruckmodel aus Holz saßen mir die Spatzen und Grünfinken am Balkon Modell.

In Saalfelden fanden wir zu unserer großen Freude eine der getreuen Hüterinnen aus meinen Kindertagen in Uttendorf wieder. Sie war inzwischen hier Bäuerin auf einem stattlichen Anwesen geworden, mit ihrem Mann und fünf erwachsenen Kindern. Diese waren ihrerseits wieder bereit, bei meinen Eltern zu helfen. Eine Tochter sollte später das Grab meiner Eltern in großer Treue zur Pflege übernehmen. In der Begegnung wird heute noch die gleiche Vertrautheit von damals wach, die über die vielen Jahre lebendig blieb. Dann war der Hausarzt, wohl nur um einiges jünger als Vater; er kam, wenn wir um Vater Sorge hatten, als Freund auf Besuch. Mutter buk Kuchen, der Kaffee duftete. Da saßen die beiden Männer im

Gespräch über bäuerliche Kunstschätze oder sonstigem, und zwischendrin meinte der Arzt dann: „Du solltest doch wieder Penicillin nehmen." Wie sehr hat er durch seine behutsame Art Vater geholfen, mit seiner Krankheit zurechtzukommen. Seine Tochter, von Beruf Töpferin, hatte eine eigene Werkstatt. Sie gehörte mit zu unserem Freundeskreis. Im Gedächtnis bewahren will ich auch unsere Aufräumerin der letzten zwölf Jahre. Sie war eine ältere, einfache Frau, Eisenbahnerwitwe, die durch ihre Treue und übersprudelnde Originalität unvergessen bleibt.

Vaters Kräfte ließen zunehmend nach. Er hatte sich im letzten Jahr die Silhouette des Berges im Westen von Saalfelden gezeichnet und mit Kreuzchen und Datum die Punkte des Sonnenunterganges in Abständen festgehalten. Noch sah er der Sonne nach, aber die Kreuzchen blieben aus.

Vaters Bruder aus Rottenmann war gekommen, um Abschied zu nehmen. Er kam mit der Geige und spielte ihm die Bach-Suiten vor. Vater saß noch im Lehnstuhl, und die innere Bewegtheit brauchte keine Worte. Sie war im Raum spürbar und machte ihn dicht und feierlich.

Vater verabschiedete sich von uns drei Tage vor seinem Tod und bat uns, ihn nicht mehr mit Essen zu bedrängen. Von da an blieb er im Bett. Wir schoben ihn mit dem Bett heraus ins Wohnzimmer, so konnten wir ihm nahe sein. Die Nächte wechselten Mutter und ich uns ab, die Geschwister wurden verständigt. Noch bis in die letzten Tage konnten Vaters Augen strahlen, wenn ich ihm in aller Früh vom Berg ein Sträußchen mit frisch gepflücktem Petergstamm (Bergaurikel) oder großem Enzian brachte. Vater mußte uns bis in die letzten Stunden hinein gehört und verstanden haben, obwohl er nicht mehr sprechen konnte, und trotzdem war er auch weit fort, so als ob er sich sammeln müßte für etwas, was uns verborgen blieb.

Die letzte Nacht war ich bei ihm. Sein kurzer Blick, mit dem er mich wahrnahm, war strahlend und ging seltsam durch mich hindurch. Trotz aller Schwäche erhob er sich langsam im Bett, tastete mit den Füßen zum Boden und setzte sich an die Bettkante. Ich konnte einen Tisch heranziehen, ohne Vater auslassen zu müssen. So saßen wir uns die letzten Stunden gegenüber. Seinen Kopf legte er in meine Hände, und der Tisch stützte uns beide. Vater bekam sitzend sichtlich leichter Luft, bis sein Atem allmählich schwächer wurde und dann ganz ausblieb. Wir hätten genug Morphium zu Hause gehabt, um Vaters Leiden zu verkürzen. Aber ich fühlte mich nicht berechtigt, in dieses Wunder, wie sich ein Leben schließt, von außen einzugreifen. Es war, wie wenn sich ein Herbstblatt leise vom Baum löst. Wir waren traurig und doch getröstet, auch Mutter. Vater ist in Frieden von uns gegangen und wir haben Zeit gehabt, zu lernen, ihn freizugeben.

Wir konnten ihn bis zum Begräbnis zu Hause behalten. Es war eine gute, stille Zeit. Für mich war sein Tod die Vollendung seines Lebens, eine reife Frucht, die nur mehr mit dem inneren Auge geschaut werden konnte. Dankbarkeit lag in mir für alles, was Vater für mich war, für die Zeit, die ich ihn begleiten durfte. Das Begräbnis selbst verlief so, wie Vater es sich gewünscht hatte, im kleinsten Kreis.

Die erste Zeit danach war ich noch zu Hause. Da erfuhr ich von einer Ausbildung für Beschäftigungstherapie in Wien. Dies schien für meine Vorstellung günstig, meine handwerkliche Seite in eine zukünftige soziale Arbeit einzugliedern und ich meldete mich an. Es war die erste Ausbildung in dieser Richtung in Österreich. Sie wurde vom Böhler-Unfallkrankenhaus in Wien organisiert, von einer Engländerin gehalten und dauerte ein halbes Jahr.

Der Unterricht war ungemein anregend. Neben dem nötigen medizinischen Randwissen, das in Vorlesungen angeboten wurde, konnten wir uns Grundwissen und Erfahrung in den verschiedensten Handwerksberufen aneignen. Einlegearbeit und Politieren in einer Holzwerkstatt, Korbflechten, Lederarbeit, Buchbinden, Papierarbeiten wurden vermittelt. In einer Schmiede erzeugte ich mir am Amboß meine Schmarrenschaufel selbst. Ich spüre noch, wie der glühende Eisenstab, aus dem ich sie heraushämmerte, unter den Schlägen weich wie Butter reagierte und wie schnell er dabei kalt, hart und unformbar wurde. Es gab auch Vorlesungen über beziehungsweise Zusehen bei Krankengymnastik. Die handwerklichen Fächer waren reine Freude.

Wieder war ich bei Mutter in Saalfelden, zugleich auf der Suche nach einem neuen Anfang. Altersheim, Kinderdorfmutter, Schwererziehbarenheim, Werkunterricht in einer anthroposophischen Schule – ich sah mir alles an. Mit meiner Mutter überlegte ich gemeinsam, als wir im nahen Wald Brombeeren brockten. Nördlich von Saalfelden, am Fuß des Steinernen Meeres, lag eine Oberschule mit Internat, einem Krankenrevier und einem Angebot handwerklicher praktischer Übungen. Ich war entschlossen, hinzuschauen und mich anzumelden. So würde ich auch Mutter nicht allein lassen müssen. Als wir heimkamen, lag ein Brief im Postkasten; eine Cousine zweiten Grades aus Württemberg, die an multipler Sklerose (MS) litt und in einem Erholungsheim für MS-Patienten in der Schweiz war, schrieb: Dieses Heim ist gut, unsere Schwester ist weggegangen. Wir brauchen dringend eine Schwester. Komm doch!

Mutter und ich überlegten kurz, und ich sagte zu. Mutter war voll einverstanden. Ich hielt Rücksprache mit meiner Rotkreuzoberin und trat dem Österreichischen Krankenpflegeverband (ÖKV) bei, um festeren Rückhalt in der Heimat zu haben.

Schweiz

Am dritten Tag hatte ich mein Köfferchen gepackt. Drei Schnitzmesser waren als Luxus mit dabei. Mutter fühlte sich in ihrem Freundeskreis in Saalfelden gut eingebunden, auch wenn wir Kinder weit verstreut waren: Dieta in Wien, Gundis in Knittelfeld, Burga in London und ich ab jetzt in Wilderswil in der Schweiz. Mutter hat sich ihre geistige und körperliche Beweglichkeit bis kurz vor ihrem Tod erhalten und blieb uns, als treue Besucherin und lebendiges Bindeglied zwischen den Geschwistern, noch elf Jahre erhalten.

Die neue Aufgabe brachte eine neue Situation für mich, der ich mich bewußt stellen wollte. Ich hatte es nicht mehr mit Patienten zu tun, die während eines akuten Zustandes vorübergehend ins Krankenhaus kamen, um wieder entlassen zu werden. Es erwarteten mich chronisch kranke Menschen, die zum Teil jahrelang dort lebten und deren Krankheit zunahm. Ich fühlte eine Chance für mich, die kurzlebige Beziehungsarbeit der Kriegsjahre innerlich zu überwinden.

In das schönste Zimmer, das ich je hatte, zog ich im Herbst 1954 ein. Mein Fensterrahmen faßte gerade den Blick auf die drei großen Berggestalten ein: Eiger, Mönch, Jungfrau mit ihrer mächtigen Nordwand, über der sich die weißen Gipfel wie eine Fata Morgana aufbauten. Sie spiegelten die Launen des Wetters und die Unterschiede der Jahreszeiten wider, verhüllt oder von den ersten Strahlen der Morgensonne beleuchtet. Im Winter, zu Sturmzeiten, kamen die Bergdohlen bis zu meinem Fenster ins Tal.

Das Haus, eine ehemalige Pension, stand am Ende eines kleinen Hügels zur schmalen Landzunge zwischen Brienzer- und Thunersee, nahe von Interlaken. Es war von einer Krankenschwester gekauft worden und wurde von ihr geführt. Sie kam aus der psychiatrischen Pflege. Ein dafür gebildeter Verein unterstützte sie. Ursprünglich ein Erholungsheim mit umfassendem Diätangebot, entwickelte es sich zum Spezialhaus für MS-Patienten. Wir hatten Gäste aus den verschiedensten Staaten Europas. Ich war zuständig für die Pflegestation mit zwanzig Betten, eine zweite Schwester half mir dabei. Zeitweise wurde sie auch nur durch eine Hilfskraft ersetzt. Als Nahrung gab es nur Eversdiät (nichts Gekochtes, gekeimte Getreidekörner, milchsäurehaltige Getränke und Produkte, Frischobst, Nüsse, Salat, rohes Gemüse und rohe Eier als Hauptbestandteile). In der Diätküche, die auf der Station war, half uns eine befreundete, pensionierte Schwester. Außer der Zimmerreinigung und der Wäsche fiel sonst alle Arbeit der Pflege zu. Ein praktischer Arzt aus Interlaken hatte die ärztliche Betreuung und Aufsicht. Mit ihm wurde alles Grundsätzliche besprochen und die nötigen Details geklärt. Es war damals europaweit das erste und einzige Haus, das sich besonders des Schicksals dieser Patienten annahm. Von einer strengen Eversdiät erhoffte man sich nachhaltige Besserung. Hinzu kamen kalte Abklatschungen am Morgen. Jedenfalls waren die Patienten in gutem Allgemeinzustand mit hoher Widerstandskraft gegen zusätzliche Infektionen. Blase- oder Darmtätigkeit konnten trotz fortgeschrittenen Krankheitsverlaufs weitestgehend spontan bewältigt werden. Dazu kam ein sehr sorgfältig unterstützendes Bewegungsprogramm. Auch bei allen Bettlägerigen, mit Lähmung im Bereich des Steh- und Stützapparates, wurde täglich mehrmals unterstütztes eigenes Stehen bewußt geübt. Eine ausgezeichnete Hebe- und Haltetechnik machte dies möglich. Zusätzlich versuchten wir die durch die Krankheitsschübe verlorengegangenen Bewegungen wieder wachzurufen oder verschiedene Möglichkeiten einzuüben, um nach einem Sturz vom Boden selbst wieder aufzukommen. Eine Gymnastin führte mich sehr sorgfältig in ein umfassendes Übungsprogramm ein. In den Ferienzeiten wurde ich durch Gymnastikstudenten entlastet.

Wesentlich für die Philosophie des Hauses war das Gespräch mit dem Patienten, im besonderen das Gespräch mit ihm über seine Diagnose, mit unserem Arzt abgesprochen, in damaliger Zeit ganz unüblich. Die Diagnose MS war völlig tabuisiert. Die Patienten erlebten jeden Krankheitsschub als eine neuerliche Erkrankung, die für sie unerklärlich und bedrohlich war. Sie erkannten den Zusammenhang nicht, wurden mißtrauisch, wechselten öfter den Arzt und die Therapie und waren extrem verunsichert. Ein geglücktes Gespräch über die Diagnose konnte ihnen wieder etwas innere Stabilität bringen. Es wurde alles getan, um für dieses Gespräch mit dem Patienten möglichst positive Voraussetzungen zu schaffen. Als Ort wählten wir sein Zimmer, um die Wichtigkeit seiner Person zu unterstreichen. Da wir fast nur Einzelzimmer hatten, war die Intimsphäre gewahrt. Die günstigste Zeit für diese Gespräche sollte gewählt werden. Zwei Methoden unterstützten uns dabei. Die Biokurve gab Hinweise auf eher stabile oder instabile Tage des Patienten. Durch Lüschers Farbentest ließen sich Rückschlüsse auf die Stimmungslage ableiten. Die Reaktion der Patienten bestätigte uns in unserem Tun. Sie waren ausnahmslos dankbar für unsere Offenheit, begriffen die einzelnen Schübe und die vielerlei Erscheinungen als ein zusammengehörendes Krankheitsbild und schöpften etwas Hoffnung aus der Möglichkeit der Remissionen. Die Krankheit wurde für sie nicht leichter, aber sie konnten sich eher darin einrichten. Ihre aktive Mitarbeit in Gymnastik und Beschäftigungstherapie machte dies spürbar. Es war selbstverständlich, daß für Folgegespräche Zeit und Bereitschaft voll da waren, auch vom Arzt, wenn es gewünscht wurde oder erforderlich schien.

Ein weiterer, großer Schwerpunkt war die Frage des sozialen Verständnisses, die grenzenlose Macht der Glocke oder auch des Schreiens. Fast alle unsere Patienten waren zu Hause einfach nicht mehr pflegbar geworden. Sie tyrannisierten die ganze Familie mit dauerndem Läuten, Rufen oder einfach nur Schreien. Wir versuchten mit ihnen, aber auch mit ihren Angehörigen, neue soziale Verhaltensmuster aufzubauen. Wirklich glücken konnte es nur in gemeinsamer Anstrengung. Viele verschiedenste Reaktionen flossen hier zusammen, von denen ich beispielhaft nur einige herausgreifen möchte. Manch einer war von seinen Angehörigen rührend gepflegt, vielleicht überversorgt worden, und darüber wurde vergessen, sie in das Familiengeschehen möglichst eng einzubinden. Wir erlebten dann nur, daß die Patienten kein Gefühl mehr dafür besaßen, wieviel Zeit eine Tätigkeit braucht, wie zum Beispiel das Füllen einer Wärmeflasche oder das Zubereiten von Tee. Es geht die Beziehung zum Familienleben abhanden, wenn man in einem Zimmer abseits davon leben muß. Ich erlebte eine junge Patientin in ihrem Zuhause. Sie lag im hintersten Zimmer der Wohnung wie versteckt. Die Haut war tadellos gepflegt. Aber die Familie schämte sich ihrer. Die Kraft der Mundmuskeln reichte nicht mehr aus, den Speichel zurückzuhalten, er troff heraus. Es waren oft erschütternde

Verhältnisse, meist aus Ratlosigkeit, in die wir Einblick bekamen. Jeder dieser Menschen hatte seine eigene Geschichte, weshalb er bei uns „abgegeben" wurde.

Das Haus bot viel an. Ein Bastelraum machte gemeinsames Arbeiten möglich, auch gegenseitiges Helfen der Patienten untereinander. Meine Zusatzausbildung konnte ich gut brauchen. Ich konnte für die Patienten handgerechte Holzmodel schnitzen, mit denen Geschenkpapier bedruckten. Kabarettkünstler wurden für Vorstellungen im Haus gewonnen. Ausflüge wurden organisiert, mit Rollstühlen in der Gondelseilbahn auf den Berg hinauf oder eine Fahrt um den Brienzer See. Auch Einzelausflüge mit Begleitung waren für besondere Anlässe möglich. Es galt, Erlebnisse aufzubauen, die aus dem Patientenalltag herausragten, Gespräche in Gang brachten, Gemeinschaft stifteten, Verstehen und gegenseitige Rücksichtnahme anregten. Meistens gelang dies, manchmal auch nicht.

Eine Patientin weigerte sich standhaft, bei irgend etwas mitzutun. Sie läutete unentwegt, auch wenn ich ihr versprach, in fünf Minuten zu kommen und dann Zeit für sie zu haben. Kaum war ich draußen, sprang die Glocke wieder an. Ich konnte sie emotional mit nichts erreichen. Durch ihren Mangel an Verständnis und Rücksicht wurde ich zusätzlich erheblich bei jeder Arbeit aufgehalten. Das rasche Reagieren auf die Glocke war aber als vertrauensbildende Maßnahme und aus Sicherheitsgründen unbedingt nötig. Da kam mir ihr Geiz zu Hilfe. Mit der Leiterin besprach ich alle Pflegeziele und Maßnahmen. Ich holte mir die Erlaubnis, daß ich von der Patientin für jedes Läuten fünfzig Rappen einkassieren dürfe (in der Schweiz ein fast unmögliches Ansinnen!). Das Geld wurde aufbewahrt, ohne daß die Patientin es wußte. Im Zimmer befestigte ich einen Zettel in ihrer Sichtnähe, und für jedes Läuten gab es einen Strich. Für uns alle war das eine transparente Buchführung. Sie zählte die Striche und ihren Geldverlust. Zusätzlich bat ich sie ab und zu, mir zu helfen, da ich durch das viele Glockeschauen mit dem Richten des Mittagessens nicht fertig würde. Ich brachte ihr z.B. drei Möhren zum Schälen und kam öfter mit der Frage, ob ich sie schon haben könne. Langsam bekam sie wieder das Gefühl, daß jede Arbeit ihre Zeit braucht. Sie hatte es in den zwanzig Jahren ihres Krankseins zu Hause ganz vergessen. Ihre Angehörigen grenzten sie völlig aus dem Haushaltsalltag aus. Sie wurde nur „versorgt". Nach zwei Monaten wurde sie freundlich, nach drei Monaten nahm sie an unserem Leben teil, und ich konnte diesen Versuch abbrechen. Strahlend nahm sie das verloren geglaubte Geld entgegen. Sie blieb uns ein liebenswerter Gast. Mit den Angehörigen bauten wir das Verständnis auf, daß Körperpflege allein für ein Leben in der Gemeinschaft zu wenig ist.

Bei zwei Patienten erlebte ich eine Abfahrt nach Lourdes voll Hoffnung und eine Heimkehr voll Traurigkeit. Durch die psychische und physische Überforderung war tiefe Enttäuschung zurückgeblieben, eine entzündete Blase und ein Darm, der die Ausscheidung verweigerte. Pflege und viele Gespräche waren nötig, um wieder ein inneres Gleichgewicht zu finden und die Wirklichkeit annehmen zu können.

Probleme bereitete uns im Heim ein junges vierundzwanzigjähriges Mädchen. Siebzehnjährig hatte sich durch den stürmischen Krankheitsausbruch ihr Leben völlig verändert. Lebensfroh, hübsch und vielseitig begabt, war es ihr nicht mehr möglich, die Matura abzulegen. Sprache und Glieder versagten. Die Eltern, vermögend und ratlos, verwöhnten sie. Im Fortschreiten der Krankheit entwickelte sich ein Ritual, mit dem sich das Mädchen durch gellendes Schreien die dauernde Aufmerksamkeit und Zuwendung ihrer Eltern erzwang. So kam sie in das Heim, von hilflosen und überforderten Eltern abgeliefert. Sieben Sprachen beherrschte sie perfekt und konnte die Worte mit ihrem Mund doch nur mehr mühsam formen. Die Glocke interessierte sie nicht, auch nicht die Tages- und Nachtzeiten. Wenn sie einen Wunsch hatte, schrie sie. Ihre Stimme hätte ein Opernhaus gefüllt. Sie drang in alle Stockwerke bis in das letzte Zimmer des Hauses. Als sie mich einmal aus Langeweile in der Mittagszeit herbeischrie, meinte ich verärgert, daß sie mich nachts dreimal herausgeschrien habe und ich jetzt auch Ruhe brauche. In ihrem Gesicht breitete sich maßlose Verwunderung aus. „Ich dachte, du bist ein Engel und kommst vom Himmel und brauchst keinen Schlaf und machst mich wieder gesund." Ich war tief betroffen. Wie sollte es gelingen, diese unmenschliche Erwartungshaltung auf ein irdisches Maß zurückzuführen?

In mühsamer und behutsamer Kleinarbeit versuchte ich, in ihr das Gefühl wachsen zu lassen, daß ich so irdisch bin wie sie, daß ich ihre Mithilfe und ihre Rücksichtnahme brauche. Freundschaft und Hilfe ja, Heilung liegt nicht in meiner Hand.

Auf der anderen Seite versuchte ich, ihr Trost zu geben, auf ihre rege Phantasie und ihr fast kindlich gebliebenes Gemüt einzugehen. Auf einem großen Bogen Packpapier, in Sichtweite an der Wand befestigt, hielt ich mit Buntstiften Lob, aber auch Tadel für ihr Verhalten in Erinnerung:

Blumen nach Wunsch für Rücksichtnahme oder dicke schwarze Knödel für Schreiattacken ließen den Bogen zu einem bunten Bild werden. Als ich einmal drei Tage frei hatte, zeichnete ich ihr einen Zug, erzählte ihr, was ich vorhatte und ließ sie geistig mitfahren, indem ich sie in das erste Abteil einzeichnete. Die Fortschritte glichen mehr Ausnahmen und Zufällen. Sie blieb durch ihr Verhalten an der Grenze der Tragfähigkeit für das Haus.

Ich griff zum Äußersten, was mir einfiel, mit aller Ungewißheit, ob es noch zumutbar sei. Einmal sollte sie erleben, daß ihr Schreien nicht angenommen wird. Mit der Leiterin hatte ich es abgesprochen. Mit besonders großer Sorgfalt bereitete ich die Patientin für die Nacht vor, erklärte ihr, daß heute niemand auf ihr Schreien kommen würde und sie alle Wünsche jetzt einbringen könne. Wenn sie wirklich etwas Wichtiges brauche, könne sie läuten. Nach dem üblichen Zweiundzwanzig-Uhr-Rundgang schlug ich mein Nachtlager im Bastelraum neben ihrem Zimmer auf, die Verbindungstüre ließ ich nur angelehnt. Nach der ersten Stunde Ruhe, in der ich mich vergewisserte, daß ich ihren Atem gut hörte, begann sie zu schreien, erst normal wie ein kleines Kind, dann immer lauter, zorniger und trotziger. Es verselbständigte sich zu einer Mischung aus Automatik und Erschöpfung. Ihre Wut war zu spüren und dann immer mehr die aufkommende Verzweiflung. Ich lag auf dem Bett und schwitzte, hatte Herzklopfen und Angst, es könne ihr zuviel werden und etwas ganz Schlimmes geschehen, und trotzdem wollte ich erreichen, daß sie einmal erlebe, daß es so nicht ginge. Dann hielt ich es doch nicht aus und ging zu ihr. Blaß und erschöpft lag sie in ihrem Bett. Ich setzte mich zu ihr und berührte sie leicht und sprach sie an: „Ich bin nicht die Krankenschwester Lisl, die kommt nicht auf Schreien, nur auf Läuten. Ich komme als Freundin Lisl, ich kann dir daher auch nichts machen. Ich habe dich wirklich sehr gern und sehe, daß du ganz müde und arm bist. Du kannst jetzt einfach ruhig einschlafen, dann wird morgen ein guter Tag sein. Deine Freundin vergißt dich nicht, sie muß aber jetzt auch schlafen gehen." Es hat geholfen, sie wurde ruhiger und schlief gegen vier Uhr ein. Ich war erschöpft. Es war eine schlimme Nacht, aber sie zeigte genügend Wirkung, so daß wir sie im Haus behalten konnten. Sie lernte, die Glocke zu gebrauchen. Da ich auch die Briefpost der Patienten, die nicht mehr selbst schreiben konnten, erledigte, mußte ich selbst das Diktat an die Eltern niederschreiben, in dem sie bittere Klage über diese Nacht führte. Ihre Offenheit, mit der sie ihre Gefühle mitteilte, war mir ein Trost, daß unsere Beziehung einen guten Boden hatte. Ihre unbändige und bewundernswerte Fröhlichkeit und ihr Charme nahmen keinen sichtbaren Schaden. Und trotzdem, noch heute, wenn ich dies niederschreibe, befällt mich das Unbehagen über die Gewalt, die ich diesem lieben, bedrängten Menschen antat. Wo liegen die Grenzen dessen, was wir dürfen?

Frau H. hatte dreißig Jahre Kranksein hinter sich, bevor sie in das Heim kam. Sie war eher korpulent, hatte tadellos gepflegte Hautverhältnisse. Sie war die Jahre über scheinbar völlig untätig immer auf dem Rücken gelagert worden. Schon bei leichter seitlicher Drehung hatte sie bereits panische Angst, aus dem Bett zu fallen. Wir dachten uns mit ihr einen Plan aus mit dem Ziel: im Rollstuhl sitzen und eine sinnvolle Beschäftigung mit den Händen ausführen können. Die Hände waren relativ gut in ihrer Funktion. Zuerst brauchten wir zur Seitenlagerung den vollen Sichtschutz von Bettplanken. Im Laufe der Zeit konnte sie über Steckgitter, breite Bänder und zum Schluß einen gespannten Bindfaden das nötige Sicherheitsgefühl aufbauen. Nach Bettrand-Sitzen und Stehversuchen war das Sitzen im Rollstuhl zuerst wohl noch mit Ängsten belegt, aber die Neugierde und die Erweiterung des Gesichtsfeldes siegten bald. Daneben lief das Programm zum Training ihrer Hände: Bohnen klauben, Wolle wickeln, „Hilfe für uns", Angebote, die eine ehemalige Hausfrau locken konnten. Als sie nach ungefähr zwei Jahren ihren ersten Knopf allein annähen konnte, war es ein Fest für alle. Auch die Beziehung zu ihrer Familie wurde wieder lebhafter. Wie sehr sind diese Menschen, durch ihre Krankheit einmal behindert, von ihren Familien geistig ausgeklammert und vergessen worden.

Die Großzügigkeit, mit der die Leiterin des Hauses den Bedürfnissen der Patienten entgegenkam, war für mich faszinierend. Eine Französin, an ein niedriges Bett gewöhnt, hatte von ihrem Mann einen kleinen Holz-Rolluntersatz gebastelt bekommen, mit dem sie in ihrer Wohnung selbständig sein konnte. Sie brachte ihn mit, war ihn gewohnt. Ich mußte sofort bei einem Holzbett die Beine entsprechend kürzen. Die Unterstützung der Selbständigkeit des Patienten war wirklich oberstes Gebot.

Die Vielseitigkeit der Ansprüche und die Möglichkeit, darauf auch einzugehen, waren für mich so anregend, daß ich meine körperlichen Grenzen völlig vergaß. Ich war gewöhnt, Tagdienst, jeden zweiten Abend späten Rundgang zu machen und in der Nacht die Glockenbereitschaft zu haben mit zwei- bis dreimal Läuten. Ich war Ausländerin, man mutete es mir zu, und ich dachte darüber nicht nach. Nach einem Jahr versagten mir plötzlich die Beine den Dienst. Ich schleppte sie mühsam und hatte schon den Verdacht, selbst an MS erkrankt zu sein. Eine Woche wurde ich ins Tessin zum Ausschlafen abgeordnet, zu einer Gönnerin des Hauses am Luganosee. Auf der Bahnfahrt hinunter bin ich zu einem bezaubernden Blick, vom Nordhang in den mächtigen Einschnitt des Rhônetales einbiegend, kurz aufgewacht. Eine Liebe auf den ersten Blick. Mit Mutter gelang später ein wunderbarer Bergwandererurlaub in dieser Gegend. Auch zum Aussteigen wurde ich glücklicherweise munter. Bei meiner Gastgeberin versank ich in einen traumlosen Vierundzwanzig-Stunden-Schlaf. Sogar zu den Mahlzeiten mußte ich geweckt werden. An den zwei letzten Nachmittagen war ich für ein paar Stunden Wandern wach. Selbst die Heimfahrt nützte ich noch schlafend aus. Von da ab übernahm die Leiterin selbst jede zweite Nacht die Glockenbereitschaft. Ich hatte wieder nur eine Hilfskraft zur Stütze, es ging mir aber wieder gut. Nach wie vor war ich voll Freude über den hohen Stellenwert, der den Patienten in diesem Haus eingeräumt wurde, die Dimension, in der Pflege verstanden wurde. Für mich war es ein Lernprozeß mit hoher Qualität.

Ich träumte von einem Arbeitsvertrag, in dem meine Grazer Rotkreuzschwesternschaft sich verpflichten würde, dieses Haus laufend mit ein bis zwei Schwestern zu besetzen. Das Haus hätte seine Pflegepersonalfrage gelöst. Die Schwesternschaft hätte einen regulären Einsatzplatz für Schwestern, die Auslandserfahrung sammeln und dazulernen wollten. Meine Grazer Dienststelle ging darauf nicht ein, im Gegenteil, sie würden mich dringend in Kalwang in der Steiermark. brauchen. Ich solle kommen. Trotz aller Überbelastung trennte ich mich im Jänner 1957 schweren Herzens von diesen Menschen, mit denen mir die Arbeit so viel Freude gemacht hatte.

Kalwang

Auf Kalwang mußte ich mich erst mühsam einstellen. Landschaftlich lag es nicht so prächtig wie Wilderswil. Das Liesingtal in der Steiermark ist eher ernst. Durch seine Fichtenwälder, die bis zur Talsohle reichen, scheint es auf den ersten Blick nur wenig gegliedert. Erst im Erwandern der Bergzüge im Hintergrund tritt seine Schönheit hervor. Der Ort war klein, ein richtiges Dorf mit drei Wirtshäusern, einem herrschaftlichen Gutshof und abgelegen auf der Schattenseite am Waldrand ein Schloß. Viele Bewohner waren in der Holzwirtschaft tätig, Arbeiter und Angestellte, früher beim Baron Gutmann (1938 mußte er emigrieren), dann beim Prinzen Liechtenstein. Auch das Krankenhaus, ursprünglich ganz klein (zwanzig Betten), stammte aus der Gutmannschen Zeit. Für seine Holzarbeiter erbaut, strahlte es, trotz seines Ausbaues auf siebzig Betten (zwanzig für Frauen, fünfzig für Männer) eine sehr familiäre Atmosphäre aus. Mit den nötigsten Funktionsräumen wie OP, Röntgen-, Gips- und Ambulanzraum und einem Turnzimmer im Keller war kein Luxus zu spüren, kein Prestigedenken zum Ausdruck gebracht.

Den Primarius, von uns meist Papi oder Vater genannt, zeichnete ein hohes Maß an Gewissenhaftigkeit, persönlichem Einsatz, fachlichem Können und Kreativität in der Durchführung aus. Sein Ernstnehmen jeder Frage, Sorge oder Schmerzäußerung des Patienten, auch des einfachsten Stallknechtes, war beispielhaft. Er machte die bescheidenen Räumlichkeiten dieses Hauses weit über die Grenzen seines natürlichen Einzugsgebietes hinaus bekannt.

Einmal verunglückte ein amerikanischer Offizier aus dem Raum Frankfurt am Main beim Schifahren in unseren Bergen. Seine Frau versuchte aus Kalwang telefonisch für ihn zu erreichen, daß er mit dem Hubschrauber in das Lazarett für die amerikanische Besatzung nach Frankfurt geholt würde. Die Antwort von dort war: In Kalwang ist er so gut aufgehoben, daß er bleiben kann, bis er reisefähig ist. Wir holen ihn nicht.

Das Betriebsklima unter dieser väterlichen Gestalt war für den Genesungsprozeß am Patienten und auch für unsere Arbeit förderlich. Der Primarius verlangte viel vom Personal, und wir arbeiteten gerne. Unter ihm erlebte ich auch, daß zwei Ärzte, die ihre ärztliche Pflicht gröblich verletzt hatten, von einem Tag auf den anderen entlassen wurden und das Haus sofort verlassen mußten. Lieber arbeitete das restliche Team, der Primarius einbezogen, ein Mehrfaches, bis neue Mitarbeiter gefunden wurden, als derlei Mißstände zu dulden.

Ich stieß dort zu einem Trüppchen von sieben Rotkreuzschwestern. Wir teilten uns mit Salvatorianer-Schwestern die Aufgabengebiete. Damals gab es noch Pauschalverträge zwischen der Versicherung für Land- und Forstwirtschaft und der Rotkreuzschwesternschaft, die sich verpflichtete, eine bestimmte Anzahl von Dienstposten mit ihren Schwestern zu besetzen. Die Verrechnung erfolgte zwischen den Institutionen, unsere

Anstellung und Bezahlung über das Rote Kreuz. Mir fiel die Leitung der Männerstation, die Verantwortung für die Rotkreuzschwestern und zweimal die Woche die Durchführung der Heilgymnastik zu. Ein kurzes Hospitieren im Turnsaal am Krankenhaus Salzburg war vorher noch möglich. Meine Vorerfahrung aus der Zeit der Beschäftigungstherapie in Wien und die Turnpraxis von Wilderswil kamen mir zugute. Die Arbeit schloß sich wieder eher an meine frühen Schwesternjahre an. Es waren nicht mehr Langzeitpatienten, nicht ein fortschreitendes Krankheitsbild, sondern Heilung und Entlassung waren das Ziel. Ich wuchs wieder hinein in die Suche nach schmerzfreier Lagerung, in das Hindurchpflegen nach Unfallschock, Operationen und doch oft relativ langen Liegezeiten. Im Haus wurden die Knochenbrüche noch konservativ mit Extension (Streckverband) behandelt, mit zum Teil wochenlanger Liegezeit bei Oberschenkelbrüchen. Besonders für alte Menschen bedeutete diese lange Zeit der Bewegungseinschränkung eine extreme Belastung.

Wir versuchten, Pflegeprobleme wahrzunehmen und zu lösen. Der Schock durch den Unfall, der Zwang zur Bettlägrigkeit in der sehr befremdlichen Umgebung „Krankenhaus" hat besonders bei älteren Patienten Probleme aufgeworfen. Da war zum Beispiel die Flüssigkeitsaufnahme. Wir beobachteten die tatsächliche Trinkmenge bei jedem Patienten zu Beginn sehr genau. Wenn sie uns zu gering erschien, legten wir ein Blatt für Flüssigkeitsbilanz an, bis die ausreichende Menge erreicht wurde. Wenn wir durch sorgfältiges Angebot und Zureden nichts erreichen konnten, wurde es bei der Visite gemeldet, allenfalls mit Infusionen kurzfristig überbrückt. Das war bei unseren alten Holzfällern und Bergbauern nicht immer einfach. Der Griff nach der Bierflasche wurde manchmal zur hilfreichen Gewohnheit. Der Versuch, bei manchen Patienten Tee, Kaffee, Suppe etc. in Bierflaschen gefüllt zu servieren, hatte oft erfreulichen Erfolg. Es mußten alle auf der Station auch bis zum Aufräumepersonal verläßlich reagieren, damit die tatsächliche Trinkmenge festgehalten wurde.

Ein anderes Problem, ebenfalls durch Schockgeschehen, Alter und fremde Umgebung hervorgerufen, war ein gestörter Schlaf-Wach-Rhythmus. Die Nacht ist lang, dunkel, das Gefühl von Einsamkeit und Angst und oft gesteigerten Schmerzen bewirkt, daß die Patienten besonders in der ersten Zeit schlecht oder sehr spät einschlafen können. Bei Tag, wenn das ganze Personal das Gefühl für Sicherheit verbreitete, wurde das Schlafdefizit nachgeholt. Mit dem Arzt besprochen, hatten wir ein gutes System entwickelt. Vormittags sorgten wir alle für möglichst viel Gespräch, auch die Bettnachbarn wurden unterstützend mit eingeschaltet. Nach dem Mittagessen gab es ein kurzes stilles Stündchen, das jedem vergönnt war. Um dreizehn Uhr beglückten wir den Kandidaten, wenn ärztlich erlaubt, mit gut duftendem Bohnenkaffee. Die ersten Abende wurde relativ früh ein leichtes Einschlafmittel verordnet. Nach etwa einer Woche war der Rhythmus meist auf normal umgestellt, und wir konnten uns mit Medikamenten und Kaffee wieder ausschleichen. Auch das Einsetzen von Verwirrtheitszuständen nach dem Unfallgeschehen, besonders bei älteren Menschen, konnten wir damit abfangen. In diesen achteinhalb Jahren Kalwang haben wir verschwindend wenig Schlafmittel einsetzen müssen. Auch bei Schmerzen hat sorgfältiges Lagern manche Chemie überflüssig gemacht.

Wir hatten Patienten, die zum Teil an eine beträchtliche Menge Alkohol gewöhnt waren. Arbeiter am Hochofen bis zu einer, ja zwei Kisten Bier am Tag. Aber auch eine kleine, regelmäßig genossene Menge genügte manchmal, um in Verbindung mit dem Unfallschock Entzugserscheinungen hervorzurufen. Die Philosophie des Primarius war, besser für ein Minimum an Alkohol zu sorgen, als in dieser Extremsituation ernste Schwierigkeiten zu bekommen. Es war Sache der Pflege, Alkoholiker rechtzeitig zu entdecken, vorübergehend allenfalls den Arzt um eine Alkoholverschreibung zu bitten und den Nachschub über die Angehörigen sicherzustellen. So konnten wir durch eine geringe, kontrollierte Dosis Entzugserscheinungen vermeiden. Daß es keinen Mißbrauch gab, ist wohl nur durch die gute Atmosphäre des Hauses möglich gewesen.

Manches wird heute kaum mehr erlebt werden. Nach Unfällen und Schockzuständen traten Fettembolien auf, und Menschen, die wir schon über den Berg glaubten, starben daran. Durch wachsame, intensive Beobachtung der Patienten in den ersten Tagen nach dem Unfall gelang manchmal eine Art Früherkennung. Der Arzt versuchte dann sofort, die Komplikation medikamentös abzufangen. Das verlangte gute Information und Zusammenarbeit. Wir Schwestern wurden in das Überlegen mit einbezogen. Gemeinsam freuten wir uns über jeden Erfolg. Erst mit dem Erkennen des Schockgeschehens und seiner rasch einsetzenden Therapie trat diese Komplikation fast nicht mehr auf.

Das Turnzimmer machte mir viel Freude. Nicht nur, weil ich die Übungen auch mitmachte und dadurch selbst profitierte, sondern weil es ein so positives und aktives Ansprechen der Persönlichkeit des Patienten war. Da ich durch Nachtdienst und Turnzimmer zuviel vom Tagesbetrieb der Station abwesend war und dies der Sorgfalt in der Arbeit und dem Stationsklima nicht guttat, mußte ich leider die Arbeit im Turnzimmer an eine Kollegin abtreten.

Die Zusammenarbeit mit den Ärzten war so positiv, daß gegenseitige Wünsche für mehr Information zu Fortbildungsabenden führten, für die unsere Ärzte sich Zeit nahmen. Einmal kam mein Cousin mit seinem Streichquartett, und wir feierten ein großes Musikfest für alle im Haus. Die geistlichen Schwestern nahmen an all diesen gemeinsamen Aktionen nie teil.

Als ich in Kalwang einzog, war das Haus mit einer geistlichen Oberin besetzt. Trotzdem wurde mir die Verantwortung für die Rotkreuzschwestern ausschließlich zugewiesen. Ich wollte, daß mein Durchsetzungsrecht für mein Arbeitsgebiet und meine Personalgruppe formal festgelegt werde, und verlangte daher den Titel Oberschwester. Innerhalb meiner Gruppe bat ich die Schwestern, weiterhin Schwester Lisl zu mir zu sagen. Ich wollte eine möglichst kollegiale und harmonische Zusammenarbeit, daher auch meine Beteiligung am Nachtdienstturnus. Ich ahnte nicht, wie zwiespältig ich selbst meiner neuen Führungsrolle gegenüberstand. Zu der damaligen Aufgabe der Verantwortlichkeit gehörte mehr, als ich in ihrer praktischen Auswirkung ermessen konnte. Da war die Führung der Station, administrativ mit Dienstplan, Berichterstattung an meine Vorgesetzte (die Rotkreuzoberin) und in Absprache mit ihr die Personalplanung (Abgänge, Ersatz etc.), prinzipielle Absprachen mit dem Primarius und mit der geistlichen Oberin. In der Praxis ging es um die Qualität der Pflege, die Form der Zusammenarbeit innerhalb der Gruppe und die Zusammenarbeit mit allen anderen Mitarbeitern des Hauses. Dazu gehörte aber auch noch die Überwachung der persönlichen Lebensführung in der Heimunterkunft, heute kaum mehr verständlich und nicht mehr akzeptabel, damals Realität. Wir Schwestern bewohnten ein Stockwerk im Personalhaus, in dem z.B. Männerbesuch nur im Besuchszimmer und nur zu festgelegten Besuchszeiten erlaubt war. Als leitende Schwester hatte ich zu überwachen, daß dies eingehalten wurde. Kontrolliert wurde ich schärfstens von den geistlichen Schwestern, die über uns wohnten.

Schmerzlich erfuhr ich in diesen Jahren meinen Werdegang in die leitende Position, wohl noch verstärkt durch meine Ambivalenz zwischen dem Ganz-dazugehören-Wollen, dem Bedürfnis nach Nähe und Kameradschaft und dem Auftrag, Entscheidungen und Anordnungen zu treffen. Ein Stück Einsamkeit lernte ich kennen, das mir vorher fremd war. „Meine" Schwestern, an der Arbeit voll interessiert und problemlos, distanzierten sich in ihrem privaten Verhalten, unter damaligen Voraussetzungen nur zu verständlich. Später sollte ich in meiner leitenden Stelle in Feldbach diese Zusammenhänge begreifen. Auch dort wurde mir wieder die persönliche Überwachung des Pflegepersonals zugemutet. Ich lehnte es ab, bezog ein kleines Absteigezimmer im Krankenhaus und betrat das Personalhaus sowenig wie möglich.

Die großen Patientenzimmer in Kalwang mit sechs bis acht Betten hatten auch ihren Vorteil. Zimmergemeinschaften bildeten sich. Mit jedem Zugang, jeder Entlassung, wandelte sich die Atmosphäre ein wenig. Im Nachtdienst bewog mich einmal lautes Durcheinanderreden in einem Sechs-Betten-Zimmer, dort nachzusehen. Die Männer lagen mit wachen, lebhaften Gesichtern in ihren Betten. Gleich war ich im Gespräch drinnen. Sie spielten Theater. „Schwester, wir haben gerade eine Gerichtsverhandlung. Ein Bauer hat einem anderen Bauern mit dem Hubschrauber Holz aus dem Graben gestohlen. Es ist ganz spannend, weil kein Augenzeuge da ist und nur Indizien." Meine Mahnung zu einem leiseren Verlauf fiel ganz behutsam aus. Was waren das für prächtige Ideen für einen faden Krankenhausabend. Manchmal mußte die Stimmung auch ein bißchen in Gang gebracht werden. Ich schloß Wetten ab (immer um Bensdorp-Schokolade für zwei Schilling), z.B. ob Gold nicht doch schwerer sei als Blei? Manchmal fing ein reges Suchen über das Zimmer hinaus an, wer die Frage sicher beantworten könne. Während des Bettens ließ ich mir manchmal das Wichtigste aus der Zeitung berichten oder ähnliche Dinge.

Bei meinem Sonntagswandern auf den Zeiritzkampel, einen Zweitausender, las ich im Gipfelbuch die Eintragung eines Patienten, der zwei Tage vorher erst mit einem Unterschenkel-Gehgips entlassen worden war. Als er mit völlig zerfetztem Gips zur Kontrolle kam, war er erstaunt, daß ich die Ursache kannte. Ungestüm war diese Kraft und Energie der Menschen hier und eine Freude, mit ihnen zu arbeiten.

An einem anderen Wochenende durchstreifte ich die südliche Bergseite. In einer Bergwiesenmulde lag die Almhütte. Keinen Menschen fand ich dort, aber ein Fläschchen Rahm im Brunnentrog eingekühlt. Es war so verlockend, daß ich einen Schluck entnahm. Als ich es am nächsten Tag, sozusagen als Beichte, in einem Patientenzimmer erzählte, sah mich ein neuaufgenommener Patient an und meinte: „Schade, daß Sie es nicht mitgenommen haben. Es ist meine Alm. Ich habe mich an der Hand so verletzt, daß ich ins Spital hereinmußte."

Es war Weihnachten, da erklang plötzlich ganz zart „Stille Nacht, heilige Nacht" vor dem Haus. Sie standen unten im Schnee, in der Dunkelheit, die drei Hornbläser, und schickten diesen Gruß ihrem Bläserkameraden, der bei uns gelandet war. Wir holten sie dann ins Haus. Ich habe nie sonst so leisen und feierlichen Hörnerklang gehört, wie dann im Gang unseres Stockwerkes.

Unsere Patienten begrüßte ich gerne als „Gäste" mit der Frage: „Was darf ich für Sie tun?" Manch einer hatte einfach Hunger, den ganzen Tag noch kaum etwas gegessen. Wir fanden dann auch immer eine Stärkung.

Es können kurze Spannen Zeit oft ganz dicht und wesentlich sein. So erzählte mir ein junger Patient auf dem Weg vom Zimmer zum OP die ganze Tragik seines Mopedunfalles, bei dem sein Freund am Soziussitz ums Leben kam, er selbst schwer verletzt bei uns eingewiesen wurde.

Es gab auch genug mühevolle Dinge, Patienten, die uns mit unentwegtem Läuten die Zeit knapp machten. Wenn dann noch Grant und Unfreundlichkeit dazukamen, war es nicht immer leicht, selbst freundlich zu bleiben. So war ein Patient Eisenbahner, der beim Verschub am Bahnhof zwischen die Puffer der Waggons gekommen war. Sein Becken war mehrfach gebrochen, sein Hoden gequetscht. Er hatte Schmerzen und Angst, ob alles wieder heil werden würde. Wir hatten zwar Verständnis für seine Situation, waren aber recht entmutigt durch seine schroffe, unfreundliche Art: „Herbringen! Weg damit!" und so fort. Er brauchte dabei viel Pflege, wir waren oft diesem Ton ausgesetzt, freundliche Hinweise erreichten ihn nicht. Da dachten wir uns ein Rollenspiel aus: Er war der Herr Graf, wir seine Diener. Wir sprachen es auch aus: „Ja, Herr Graf! Bitte, Herr Graf!" usw. Er nahm diese Ehrerbietung anscheinend gerne an, wir vermochten es leichter zu tragen. Mit seiner Genesung wurde er freundlicher, bis zur Entlassung ein liebenswerter Patient, dem wir mit seiner Wandlung auch seinen richtigen Namen zurückgaben. Bei der Verabschiedung fragte er, warum wir „Herr Graf" zu ihm gesagt hatten. Wir konnten es ihm schmunzelnd verraten, unser Kontakt war stabil genug. Er erzählte dann auch von seinen Ängsten. Noch öfter hat er uns kurz besucht, der „Herr Graf", im Vorbeikommen.

Manchmal war ich auch mit meiner Fassungskraft am Ende. Ein beidhändig frisch am Kahnbein operierter Arbeiter hatte strenge Bettruhe. Er war von einem Baugerüst gefallen und hatte sein ganzes Körpergewicht im Aufprall nur mit den Händen aufgefangen. Als ich in das Zimmer kam, spazierte er im Zimmer fest herum. Ich war außer mir vor Schreck und fuhr ihn an: „Ich möchte wissen, wo ihr Männer das zusätzliche Gramm Hirn habt, das ihr angeblich haben sollt." Erst als der Patient wieder „brav" im Bett lag und ich im Dienstzimmer war, wurde mir bewußt, daß diese Form der Zurechtweisung eine Entgleisung war. Ich ging zurück ins Zimmer und entschuldigte mich dafür. Seine Reaktion beschämte mich: „Schwester, wenn wir Sie nicht gern hätten, würden wir Ihnen nicht folgen."

Ein achtzehnjähriger Fabriksarbeiter wurde als Fußgeher am Gehsteig von einem Mopedfahrer angefahren. Er lag monatelang mit einem eiternden Unterschenkel-Trümmerbruch bei uns. (Der Versuch, das Bein zu erhalten, hatte sich auf lange Sicht doch gelohnt.) Als ich ihn fragte: „Wie hältst du das aus? Du bist immer gleich freundlich, hast viel Schmerzen und jammerst nicht, erlebst uns als immer eilig und immer wieder einmal vergeßlich. Wo nimmst du deine Geduld her?" Seine Antwort war die eines Philosophen: „Das ist ganz einfach. Was war, ist schon vorbei. Was kommen wird, ist noch nicht sicher, wie es sein wird, und ich kann es getrost abwarten. Was jetzt ist, das schaffe ich und weiß, daß es sehr rasch vorbeigeht." (Der Betrieb hatte auf ihn nicht verzichtet. Er wurde auf eine Arbeit umgeschult, in der er sein Bein schonen konnte.)

Einmal, vor Ostern, als er mir sehr bedrückt erschien, überlegte ich mir eine Abwechslung für ihn. Ich brachte ihm Peddigrohr und bat ihn, ob er mir sieben kleine Körbchen flechten würde. Sie sollten Osterkörbchen für „meine" Schwestern werden. Er sagte zu, ich zeigte ihm die Technik. Als ich am nächsten Tag in das Acht-Betten-Zimmer kam, saß er hoch aufgerichtet in seinem Bett, mit wichtiger Miene, und beaufsichtigte die sieben anderen Patienten bei ihrer Arbeit. Mit Stolz lieferte er dann die Körbchen ab.

Bei einer gemeinsamen Bergtour mit meinen Kolleginnen auf den Zeiritz erlebte ich voll Schrecken, wie unvorbereitet die Schwestern aus nichtalpinem Raum für den Berg waren. Die steilen, abschüssigen Schieferhänge, nur mit dünner Grassode überwachsen, führten in tödlicher Gleichmäßigkeit Hunderte Meter in die Tiefe, ohne auch nur den geringsten

Halt zu bieten. Wer hier über dem glatten Gras ausrutscht, ist verloren. Die Pfade gehen sorglich über Mulden und Grate zur Höhe. „Meine" ahnungslosen Schwestern begaben sich voll Freude, Bergblumen pflückend, über diesen Abgrund. Sie wollten es nicht verstehen, als ich sie zurückrief. Im Winter war eine Schwester allein auf Schitour gegangen. Auf der Berghütte versprach sie, die Post mit ins Tal zu nehmen. Schlechtwetter setzte ein, und als es spät wurde und die Post noch auf der Hütte lag, brach eine Suchmannschaft auf. Die Schwester hatte tatsächlich die Abfahrt verfehlt, kam spät und völlig erschöpft noch bis zur Hütte. Sie mußte, als harte Lektion, noch einmal aufbrechen, um die Suchmannschaft wieder zurückzuholen. Von da an verbot ich Alleingänge, in der Hoffnung, wenn einer etwas zustieße, könnte wenigstens die andere Botschaft geben. Damit mußte auch ich mein Alleingehen aufgeben.

In Kalwang hatte ich nicht nur für eine geregelte Dienstzeit „meiner" Mitschwestern zu sorgen, sondern genoß sie auch selbst, vertiefte mich in Kunst und Kulturgeschichte, las das Alte und das Neue Testament wie eine fortlaufende Lektüre, sicher sehr oberflächlich. Ich war aber sehr beeindruckt, wie menschliches Fühlen, Denken und Handeln dargestellt und auf diese eine, große Gottvorstellung hin bezogen erlebt wird. Es gelang mir, das Rauchen aufzugeben. Meine anfängliche Unruhe nagte ich an Karotten, Salatblättern und Kirschkernen ab. 1960 beschlossen meine Kolleginnen, gemeinsam die Fahrschule zu besuchen. Ich solle doch mittun. Der Gedanke an ein Auto lockte mich überhaupt nicht, wohl aber die gemeinsame Aktion. Wir wechselten uns in den theoretischen Stunden ab, mit der selbstverständlichen Pflicht, den inzwischen Diensttuenden den gehörten Inhalt beizubringen. Zur Prüfung lösten die eben fertig gewordenen Schwestern die restlichen von der Station ab.

Meine Geschwister waren seßhaft geworden und meinten, es sei an der Zeit, daß auch ich eine Wohnung bekäme. Ich war so an Wanderschaft gewöhnt, daß ich am ehesten einen verschiebbaren Eisenbahnwaggon bezogen hätte. Zum Schluß hatte ich doch eine Zweizimmerwohnung am Stadtrand von Graz für Mutter und mich. Ich blieb trotzdem bis zu meiner Pensionierung Pendlerin und hatte Zeit, mich langsam an meine Seßhaftigkeit zu gewöhnen. Dieser von mir nur sporadisch genützte Raum war eine Oase für die studierenden Kinder meines Cousins.

Mutter konnte sich 1963 entschließen, von Saalfelden nach Graz zu ziehen. In Saalfelden war sie doch sehr einsam geworden. Die Behinderung durch „Parkinson" hatte zugenommen, und ich war froh, sie mehr in meiner Nähe zu haben. Sie nahm mir vorher ein Versprechen ab: Du mußt dein Leben so wie bisher weiterleben und nicht wegen mir ändern, sonst komme ich nicht. Sie hatte sich vorher innerlich so darauf einstellen können, daß ihr der Wechsel keine Mühe machte. In Graz fühlte sie sich sofort zu Hause. Dieses letzte halbe Jahr von ihr war erfüllt von Freundschaft und geistiger Anteilnahme. Graz war ihr vertraut aus ihren Studienjahren. Ein Kreis von alten Freunden lebte noch, liebe Verwandte waren hier.

Mutter starb im Krankenhaus an einer Lungenentzündung, da sie nach wiederholten Lungenentzündungen in den Jahren nach dem Krieg auf Penicillin nicht mehr ansprach. Da ich gerade in dieser Zeit von Kalwang aus an einer Fortbildung in Graz teilnahm, konnte ich sie im Spital öfter besuchen. Meine Geschwister sahen sie alle und auch Burgl, die dann die letzte Nacht ganz bei ihr war. Ich selbst vermochte zuerst nicht, die Endgültigkeit von Mutters Erkrankung wahrzunehmen. Allen Gedanken an Abschied verwehrte ich anscheinend den Zugang zu meinem Bewußtsein. Meine Unbeschwertheit konnte aber auch ein paar Stunden vor ihrem Tod noch ein Lächeln auf ihr Gesicht zaubern, das mir unvergessen bleiben wird. Als ich ihr am Abend den letzten Pudding eingab, hatte sie keinen Appetit mehr. Als ich meinte, sie könne ruhig noch ein Löffelchen nehmen, es säße wirklich kein Marienkäferchen darauf, strahlte ihr Gesicht noch einmal die ganze Wärme, Dankbarkeit und Freude an innerer Verbundenheit wieder.

Erst im Ordnen ihrer Sachen zu Hause sah ich an vielen Dingen, wie z.B. der Schrift oder dem Inhalt des Geschriebenen, daß sich ihr Leben auf sein Ende vorbereitet hatte. Mutter hatte in der Schlichtheit ihres Wesens mit dem Krankenhaus kein Problem, und doch tat es mir nachher leid, daß ich sie diese letzten Tage nicht zu Hause gehabt hatte. Sie ging still hinweg, so, als mache sie auf ihrem Weg, den sie zu gehen hatte, einfach nur eine Tür hinter sich zu, im Zurückblicken noch Zuversicht ausstrahlend. Wir haben sie zu Vater in das Grab in Saalfelden gelegt, mitten zwischen die Berge, die sie so liebten. Eine Flut von Briefen kam auf uns Geschwister zu. Ich fühlte mich eingebunden in den großen Kreis von Menschen, die ihr nahe standen, ihr dankbar waren und um sie trauerten.

1965 hatte ich das Gefühl, die Arbeit liefe relativ gut und reibungslos. Wachsam zu bleiben und Verbesserungen durchzuführen war immer noch nötig. Für meine dienstfreie Zeit mußte ich etwas finden, um mein Interesse lebendig zu halten. Ich trat dem örtlichen Fotoklub bei. Durch den Erwerb eines kleinen Autos wollte ich auch in dem relativ abgelegenen Liesingtal einiges an kulturellen Anregungen erreichen. Als ich im Kreise meiner jüngsten Neffen und Nichten meinen Autowunsch äußerte, war ihre nüchterne und unverfängliche Frage: „Wieviel Geld hast du?" „Dreitausend Schilling", war meine Antwort, die schallendes Gelächter auslöste. Als Trost bastelten sie mir ein süßes Auto aus Zündholzschachteln. Ein Vierteljahr später hatte ich eines um fünftausend Schilling. Eine großzügige Spende machte es möglich. Der Vorbesitzer, ein Bäcker, war so dick geworden, daß er kaum mehr in diese Kleinausgabe (Puch 500) hineinging, geschweige seine Frau und die drei Kinder. Fünf Jahre fuhr ich diese getreue, kleine fahrbare Untertasse, wie ich sie auch nannte.

Kaum hatte ich mich innerlich auf Langzeit-Kalwang eingerichtet, änderte sich eine Grundvoraussetzung. Die Direktion wechselte von der Land- und Forstwirtschafts- zur Unfallversicherung. Der Pauschalvertrag wurde gelöst, die Anstellung ging auf Direktverträge der Schwestern mit der Versicherung über. Meine Rotkreuzoberin fragte mich, wie ich mich entscheiden möchte. Meine Gegenfrage war: „Ich bleibe beim Roten Kreuz. Wo brauchen Sie mich?"

Unterrichten statt pflegen
Nur teilweise füllte es mich aus und war doch eine wichtige Erfahrung

Kurstätigkeit im Rahmen des Roten Kreuzes

Ein für mich völlig neues Arbeitsgebiet folgte. Das Rote Kreuz bot Kurse für die Bevölkerung in Erster Hilfe, Hauskrankenpflege, Pflege für Mutter und Kind und Altenpflege an. Meine Ausbildung dazu erhielt ich im Herbst 1965 in München und Graz. Es war ein umfassendes Programm, um in der Bevölkerung auf breiter Basis für Fragen der Gesundheit Verständnis zu wecken und durch viele praktische Übungen Sicherheit im Helfen zu vermitteln. Die Anforderungen kamen vorwiegend von Pfarren, Rotkreuzdienststellen, landwirtschaftlichen Fortbildungsschulen und über das Jugendrotkreuz von den Schulen (eher den Abschlußklassen). Besonders für das damals in Probe laufende „neunte Schuljahr" wurde ein Teil dieser Programme fester Bestandteil. Eine Kurzform der Ersten Hilfe wurde gerade als Pflicht für Führerscheinbewerber eingeführt.

Meine Dienststelle lag ab jetzt in Graz. Die Einsätze erstreckten sich auf das Gebiet der Steiermark, wo immer sich mindestens acht bis zehn Teilnehmer dafür organisieren ließen. Über meine Wohnung war ich jetzt froh, wenn ich sie auch meist nur zu den Wochenenden sah. Die einzelnen Kursinhalte waren so ausgezeichnet gegliedert, daß jede Stundeneinheit unter einem Thema stand und dem Erfahrungshintergrund der Teilnehmer, der Altersstufe und den konkreten Bedürfnissen angepaßt werden konnte. Es war eine anregende Aufgabe.

Meine Aufregung beim ersten Einsatz war groß. Ein Gasthausraum voll mit Teilnehmern, der Pfarrer mit in der Runde, ich mußte frei sprechen, alle sahen mich gespannt an, und der Pfarrer unterbrach mich immer wieder mit der Frage: „Was ist Ihre persönliche Meinung zu diesem und jenem?" Da geschah das Seltsame. Aus der Menge wurde eine Gruppe, die gemeinsam im Erklären, Beschreiben, Fragen und in Erzählungen ein Thema auszuleuchten begann. Am Ende der Stunde und im Verlauf des Kurses ging es mir gut. Der Beginn blieb immer spannend. Die Situationen waren mannigfaltig. Es kam vor, daß ich zwar von einer Schule angefordert wurde, aber weder echtes Interesse des Lehrkörpers bestand, noch das vereinbarte Übungsmaterial bereitgestellt war. Ich setzte meinen Ehrgeiz hinein, mich nicht einfach wegschicken zu lassen. Bis auf ein einziges Mal gelang es. Aber auch da war wenigstens eine Doppelstunde Hygiene als Kostprobe möglich. Damals schon gehörte die Problematik der Umweltverschmutzung (z.B. wilde Deponien, Grundwasserverschmutzung etc.) dazu. Das Problem des Drogenkonsums gab es schon an den Schulen, es legte den Versuch nahe, durch aktives soziales Handeln eine positive Sinndeutung für das Leben anzuregen.

Die Nachkriegsjahre waren bei weitem noch nicht überall überwunden. Wo heute glatte Asphaltstraßen durch Feld und Wald ziehen, waren schmale, holperige Schotterstraßen. Das WC lag noch oft im Obstgarten in einem kleinen Häuschen, und vom Badezimmer im Bauernhaus konnten nur wenige träumen. Den letzten Floh fing ich, als gut Geübte, in einer Klasse des neunten Schuljahres. Er wurde sozusagen der Gestalter der Hygienestunde. Die Kurse mit den Erwachsenen hatten wieder ein anderes Gepräge. Da waren Grunderfahrungen vorhanden. Die galt es, im Gespräch wahrzunehmen und, darauf aufbauend, neues Wissen hinzuzufügen. Das sorgfältige Übenlassen von Handgriffen und Hebetechniken gipfelte darin, daß wir dann gemeinsam konkrete Fälle der Teilnehmer (z.B. pflegebedürftige Mutter zu Hause) überlegen und ausprobieren konnten. Wie war ich froh um alle meine Vorerfahrungen. Meine Vorgesetzte, Frau Dr. Trude Tropper, war auch meine Behüterin. Sie schickte mich bei den Einsätzen in die hintersten Gebirgstäler der Steiermark. Da ich mit dem Auto noch völlig unerfahren war, begleitete sie mich den ersten Winter über Schnee- und Glatteisgefahren mit ihrem Rat. Sie schenkte mir ihr Vertrauen, daß ich es recht mache. Ihr berichtete ich, und sie teilte mit mir die Freude über alles, was sich an Urtümlichem in so einer Woche zutrug.

In der Krankenpflege und Altenbetreuung fühlte ich mich ja einigermaßen zu Hause. Erheblich mehr Hemmungen hatte ich beim Kurs „Pflege von Mutter und Kind". Kinderpflege und Wöchnerinnenstation hatte ich nur für kurze Zeit in meiner frühen Schwesternausbildung kennengelernt. Was sollte ich, unverheiratet und kinderlos, Müttern von zum Teil mehreren Kindern erzählen? Wie kostbar waren dann doch diese Stunden geworden mit den Frauen zusammen. Wir tauschten aus, jede das, was sie wußte, und überlegten gemeinsam, was davon gut war und weshalb. Wir verloren die gegenseitige Scheu. Zum Glück war es mehr gegen Ende meiner Kurstätigkeit, als ich von einem Bezirk gebeten wurde, für die Lehrerinnen des neunten Schuljahres einen Mutter-Kind-Kurs zu halten. Die erste Einheit bringt das Wunder der Empfängnis, das Heranwachsen des Kindes im Mutterleib mit der Geburt. Zur Begrüßung kam der Bezirksschulinspektor und setzte sich anschließend einfach dazu. Ich war erschrocken, holte tief Luft und legte dann gedanklich beiseite, daß ich nur eine Kurs-, aber keine Lehrerausbildung hatte und daß gerade bei diesem intimen Thema er als einziger Mann unter uns saß. Sein Abschied nach zwei Stunden war sehr herzlich und persönlich.

Auch im Erste-Hilfe-Fach hatte ich immer wieder Gelegenheit, etwas dazuzulernen. Experten wie Elektriker oder Fachkräfte aus der Schwerindustrie wußten manche Details, besonders in Vorbeugung und Verhütung. Nach so einem sechzehnstündigen Kurs war die Gruppe zu einer regen Arbeitsgemeinschaft zusammengewachsen. Der Abschluß wurde meist zu einem frohen Fest. In der Schule wiederholten wir den Stoff manchmal in Form eines Stegreifspieles, in dem Zeigen und Erzählen Platz hatten. Unvergeßlich ist mir, wie ein sehr hübsches großes Mädchen mit schwerem Stottern belastet war. Im Rollenspiel, als sie die Kursteilnehmerin spielte, war ihre Sprache fließend. In ihrer Rolle hatte sie den Geschwistern alles vom Kurs zu berichten, da sie gemeinsam ihre Mutter pflegen wollten.

Obwohl ich bei meiner Kurstätigkeit in Rotkreuztracht mit Kostüm und Haube unterwegs war, hinderte mich das nicht, bei einem Abschlußfest in einer Scheune mit dem Dorfpfarrer einen Rumba-Ehrentanz zu wagen. Ich erfuhr von seltenen Pflanzen, von Ausgrabungen, lernte noch die alten bäuerlichen Feste an den langen Winterabenden kennen, die meist nach gemeinsamer harter Arbeit mit Tanz oder einem Spiel wie dem „Sauschädelstehlen" endeten. Haus- oder Schulapotheken wollten durchgesehen werden. Ab und zu hörte ich, daß man nach einem Kurs in irgendeinem Bergtal einen Verletzten sehr gut erstversorgt der Rettung übergeben hatte. Trotz allem, die Patienten gingen mir ab.

Diabetikerlager vom Jugendrotkreuz

In diesen fünf Jahren Kursarbeit war ich jeden Sommer vier Wochen im Zuckerkrankenlager für Jugendliche (vom Jugendrotkreuz aus) eingesetzt.

Der Arzt und das übrige Personal kamen vorwiegend aus Wien. Der Einsatz der anderen Mitarbeiter war freiwillig (in ihrer Urlaubszeit). Zum Großteil war es Pflegepersonal, und erst langsam kam ich darauf, daß es fast nur Pflegehilfspersonal war, die meisten nur angelernt. Sie waren aber alle gewohnt, Insulin zu spritzen und sich als Schwestern auszugeben. Wiener Verhältnisse waren damals eben anders. Aber hier lernte ich eine Form von Teamarbeit kennen, erfreulich in ihrer Effizienz und Lebendigkeit. Jeden Mittag war Teamsitzung, der Arzt leitete sie. Jedes Kind (ca. vierzig!) wurde durchbesprochen. Die med. techn. Assistentin (MTA) sagte die Laborwerte an, die Schwester Harnverluste unterwegs oder beim Spiel, Bewegungs- und Schlafverhalten, Hypos oder sonstige Auffälligkeiten, die Diätassistentin die jeweiligen Broteinheiten (BE), Hunger und Essenswünsche (z.B. Geburtstagstorte). Aus dieser Kombination legte der Arzt die Richtlinien für die kommenden vierundzwanzig Stunden fest: mehr oder weniger BE, die Insulinmenge und -art, die Einteilung in die Bewegungsgruppe, die er sehr oft selbst leitete, mit Schnurspringen „auf allen vier Gliedmaßen hüpfend". Alle Kinder lernten, das Insulin selbst aufzuziehen und zu spritzen und ihr Essen selbst zu berechnen. Es war ein straffes, zeitsparendes und sehr effizientes Zusammenarbeiten.

Trotz allem, die Patienten gingen mir ab

Ich wußte zuerst nicht, wie stark sie mir abgingen! Im Kurs blieb unser Bemühen immer noch beim Denken „für" den Patienten stecken. In der Pflege erst kann es zum Nachdenken „mit ihm" kommen, zum Wahrnehmen, wo seine Probleme liegen könnten, zum gemeinsamen Suchen mit ihm nach einer möglichst guten Lösung. Es ließ uns beide, Patient und Schwester, aktiv werden und gemeinsam ein Stück des Weges gehen. Manchmal war es nur das Ordnen der Polster, um Rückenschmerzen zu lindern, oft zu beseitigen, manchmal war es die unerträgliche Langeweile des Krankenhaustages in Verbindung mit Bewegungseinschränkung, manchmal die Angst vor der Operation und dem noch fehlenden Arztgespräch und vieles mehr. Dieses Aussprechen-Können und das gemeinsame Überlegen gab auch dem Patienten ein Stück Selbstverantwortung, ein Stück Würde zurück, und mich befreite es vom reinen „Mit-ansehen-Müssen" zum „Mit-suchen-Wollen". So, wie ich die Bereitschaft hatte, mich auf den Patienten einzulassen, mich mit ihm gewissermaßen zu verbünden, ihn aktiv stützend zu begleiten, war es kein einseitiges Verausgaben nur von meiner Seite. Ein Strom von Kraft kam von ihm zurück zu mir, ein Geben und ein Empfangen, das sich zumindest die Waage hielt. Es waren positive Energien der Zuversicht und Hoffnung, die ich mit ihnen teilen konnte, wie auch beim Schützen und Behüten ihrer letzten Stunden, wo der uns sichtbare Weg zu Ende geht.

Nach dem Krieg war ich ausgelaugt. Die Umstände, unter denen ich hatte arbeiten müssen, und die Ohnmacht dem Elend gegenüber waren zu groß. Wir hatten es mit den Folgen purer menschlicher Aggression zu tun. Es waren Schmerzen, die Menschen sich gegenseitig zufügten. Ich brauchte lange, um dies zu überwinden. Die Arbeit in der Schweiz forderte mein Interesse so heraus, daß ich, an totale Überforderung gewöhnt, meine Grenzen noch nicht wahrnehmen konnte. Ich brauchte nur den Schlaf nachzuholen, und ich mußte erst lernen, das Maß zu finden. Die Arbeit an sich machte mir einfach Freude. Jetzt, wo ich keine Patienten zu betreuen hatte, wo sie mir abgingen, begriff ich erst die Kraft, die ich von ihnen zurückbekam. Diese Erfahrung machte ich auch mit sterbenden Patienten. Auch wenn ich oft kaum Zeit hatte, schaute ich zu ihnen kurz hinein, sprach sie an, berührte sie behutsam, auch wenn sie bewußtlos schienen, und sagte ihnen, daß viel zu tun sei, daß ich, so oft ich könne, hereinschauen werde. Ein kurzes, intensives Bei-ihm-Sein. Wenn auch die Kraft zur Antwort fehlte, meinte ich immer, es werde aufgenommen. Atem und Herzrhythmus können auch Antwort sein, auch ein gelöster Muskelstrang. Trotz dieser schwachen Zeichen meinte ich, daß uns Unsichtbares verbindet und mir aus einer noch nicht erfahrenen Wirklichkeit etwas Kostbares geschenkt wird. Das sind Dinge, die in einem Bereich zwischenmenschlicher Dimension geschehen, die ich mit Worten kaum ausdrücken kann, und doch drängt es mich dazu, sie hier zu benennen. Meiner Erfahrung nach sind es diese Kräfte, die mich trotz intensiver Arbeit mit den Patienten vor dem „burnout" bewahrt haben.

Wieder einmal versuchte ich, mich auf Dauer einzustellen, bekam eine Zusatzschulung, um Rotkreuzhelferinnen für Katastropheneinsätze auszubilden, sozusagen eine Erweiterung meiner Kurstätigkeit. Da kam eine Anfrage, ob ich bereit wäre, die Pflegedienstleitung im Landeskrankenhaus Feldbach zu übernehmen. Die jetzige Oberschwester sei sehr krank, hätte mit eiserner Energie bis jetzt durchgehalten und wolle mich als Ablöse.

Pflegedienstleitung im Landeskrankenhaus Feldbach
Eine völlig neue Aufgabe

Ich übernahm meine neue Stelle in der Oststeiermark. Es war April 1970. Das breite Raabtal mit seinen fruchtbaren Flächen bereitete sich auf ein üppiges Frühjahr vor. Nicht lange, so war dieses sich gegen Osten öffnende Land in eine Fülle blühender Obstbäume gehüllt. Das Gesicht der Landschaft hatte sich seit der Nachkriegszeit etwas verändert. Die Straßen waren jetzt autogerecht geglättet. Aus den Obstgärten mit ihren alten, knorrigen, hohen Bäumen verschiedenster Sorten, die die niederen Häuser fast versteckt hielten, waren Plantagen geworden, Niederstammzüchtungen, umzäunt, zum Teil mit Hagelabwehrnetzen überspannt. Die überraschende Vielfalt der Feldfrüchte war großteils dem intensiven Maisanbau gewichen.

Neu war für mich das Erleben der Menschen im Grenzland Oststeiermark. Sie konnten sich durch die Jahrtausende ihrer stürmischen Geschichte wohl nur durch Anpassung erhalten. Ein aufmerksames Wahrnehmen des anderen, der Umgebung, Vorsicht und Zurückhaltung im Umgang miteinander, mit Fremden, die Fähigkeit, aufzunehmen und mitzutun, wenn es erforderlich war, schienen mir besonders ausgeprägt. Sie waren in ihrem Herzen unverbildet und herzlich und harte Arbeit gewöhnt. In diesem Rahmen sollte ich zwölf Jahre arbeiten.

Mit viel Sorgfalt und Liebe wurde ich von meiner Vorgängerin in meine Arbeit eingeführt. Der gute Kontakt brach auch nach der Übergabe nicht ab. Manchen Rat durfte ich mir noch holen. Ungefähr ein Jahr später kam sie auf ihren Wunsch hin zu uns zum Sterben. In diesen drei Wochen konnten wir sie in Wertschätzung und Liebe zu einem friedlichen Tod begleiten.

Im Landeskrankenhaus Feldbach mit seinen 246 Betten lag nun meine neue Aufgabe. Als Leitende des Pflegedienstes war ich zuständig für den Einsatz des Pflegepersonals, das in diesen Jahren von ca. 70 auf ca. 100 Personen anwachsen sollte, für die Qualität ihrer Arbeit, besonders die Qualität der Pflege.

Ich selbst besuchte, begleitend neben dem Einarbeiten im Haus, die Sonderausbildung vom Österreichischen Krankenpflegeverband (ÖKV) in Wien für leitende Schwestern. Viel wertvolle Anregung kam dazu und konnte gleich auf ihre Brauchbarkeit erprobt werden.

Mir wurde sehr rasch bewußt, daß ein großer Unterschied besteht, ob ich an einem Menschen selbst Handlungen ausführe oder ob ich jemand anderem sagen muß, wie ich diese Handgriffe ausgeführt haben möchte. Dies sollte mein ganzes Wissen, Denken und Interesse auf eine völlig neue Art beanspruchen.

Ich verwendete den größten Teil meiner Urlaubszeiten der ersten drei Jahre, um Kurse, Seminare, Vorträge und Veranstaltungen zu besuchen, die mir Hilfe und Rüstzeug gaben in Personalführung, Wissensvermittlung, Meinungsbildung und Organisationsfragen, immer in Verbindung mit Pflegefragen und meinem Pflegeverständnis. Es sollte dem Patienten zugute kommen, realisierbar und ökonomisch vertretbar sein.

Ein Seminar für Führungskräfte in Frankfurt am Main wurde mir auf dem Dienstweg ermöglicht. Bei der Besichtigung des Krankenhauses der Firma Höchst konnte ich auch Einblick in die Personalplanung nehmen. Der leitenden Schwester war, als „Stabsstelle", eine Lehrschwester zugeordnet. Ihr oblag es, für das gesamte Pflegepersonal des Hauses eine gezielte einheitliche Fortbildung durchzuführen. Ich registrierte dies nur als unerreichbaren Luxus.

Überlegungen, Planung und Verlauf

Ich übernahm fleißig und gewissenhaft arbeitende Diplomkrankenschwestern (=Diplomkrankenpfleger) und Pflegehilfspersonal. Sie waren von Funktionspflege geprägt. Gewöhnt an strenge Vorgaben, Kontrolle und Sparsamkeit, waren sie noch gewillt, in stillen Nachtdienststunden fehlende Knöpfe an Polsterbezüge anzunähen. Die Mitarbeiterinnen der einzelnen Stationen hielten wie Pech und Schwefel zusammen, der Kontakt zwischen den Stationen schien mir eher kritisch blockiert. Er ähnelte mehr einem Wettstreit als einer Zusammenarbeit. Was angeordnet wurde, geschah verläßlich. Eigeninitiative war relativ wenig spürbar. Für das Gespräch mit dem Patienten war kaum Verständnis, es erschien unerwünscht. Zusätzlich hatte sich, anscheinend im Lauf der Jahre, ein beträchtliches Prestigedenken eingenistet.

War es ein Zufall, daß ich 1970 das erstemal in einem Landeskrankenhaus tätig auch das erstemal mit dieser starren Pflegeorganisation konfrontiert wurde?

Funktionspflege ist eine Form der Pflegeorganisation. Sie ist zum Teil heute noch anzutreffen. Die Arbeit wird nach Handlungen, „Funktionen" aufgeteilt und einzelnen Schwestern zugeordnet (siehe Fließbandarbeit). Diese führen dann bei allen Patienten der Station, bei denen sie nötig ist, die aufgetragene Handlung zügig durch, z.B.: bei der Visite mitgehen (meist die Stationsschwester), Spritzen richten und, soweit erlaubt, verabreichen, die Therapien durchführen, Betten machen, Patienten waschen etc. Der Patient erlebt dadurch an seiner Person viele Schwestern mit einzelnen Verrichtungen. Er muß zum Beispiel die richtige Frage an die richtige Pflegeperson stellen, sonst wird er vertröstet, weil sie dafür nicht zuständig ist. Die einzelne Schwester kennt den Patienten meist nicht so genau, hat also keinen Gesamtüberblick. Es herrschte im Pflegebereich das Prinzip Ansage – Befolgen – Kontrolle vor. Ein aktives Einbeziehen des Patienten hatte dabei kaum Platz. Eine bewußt aufgebaute Beziehung zum Patienten, das Gespräch mit ihm wurde damals im Haus nicht als Teil der Pflegearbeit gesehen. Es bestand weder in der Grundausbildung noch berufsbegleitend diesbezüglich ein Verständnis oder eine Lenkung und Stützung dafür. Im Gegenteil, es wurde eher ängstlich blockiert, auch von den „Leitenden" her.

Dieser stark mechanisierte Pflegeablauf war mir fremd, den wollte ich verändern. Damals wurde in Österreich gerade über den ÖKV das Modell der Gruppenpflege bekannt gemacht. Ich sah darin eine Möglichkeit, über dieses Oragnisationsmodell das Pflegepersonal zu einer persönlichkeitsbezogenen Pflege hinzuführen.

Die Gruppenpflege ist eine andere Form der Pflegeorganisation. Bei ihr sind kleineren Gruppen von Patienten (ca. acht bis zwölf Patienten) kleine Gruppen von Pflegepersonal (Diplomkrankenschwestern und SHD, heute Pflegehelferinnen) zugeordnet. Die Arbeit ist nicht nach der Funktion unter den Schwestern aufgeteilt, sondern die Diplomkrankenschwester (mit ihren Mitarbeiterinnen) ist für die gesamte Pflege „ihrer Patienten" verantwortlich. Das heißt: von der Körperpflege bis zum Mitgehen bei der Visite, dem Durchführen von Verordnungen, dem Sicherstellen von passender Ernährung und ausreichender Flüssigkeitsmenge etc. Es kann eine therapeutische Beziehung zum einzelnen Patienten aufgebaut werden. Die Pflege wird auf die Bedürfnisse des Patienten abgestimmt. Dies ist nur durch umfassende Information durch und über den Patienten möglich. Um umfassende Information weiterzugeben, Pflege zu planen, zu dokumentieren und zu bewerten, ist eine exakte Führung von Pflegeplänen notwendig. Dadurch wird erst die Kontinuität der Pflege möglich. Das Gespräch mit dem Patienten und in der Gruppe sollte darin seinen festen Platz bekommen.

Es schien mir eine gute Möglichkeit, über das Organisationsmodell Gruppenpflege, das Pflegepersonal für eine persönlichkeitsbezogene Pflege zu gewinnen. Dies würde eine grundlegende Umstellung im Haus bedeuten. Ist das den fast siebzig geduldigen Mitarbeiterinnen zumutbar?

Ich war fünfzig. Werden die verbleibenden zehn Jahre bis zu meiner Pensionierung reichen, um die Voraussetzungen (inhaltlich und organisatorisch) für patientenbezogene Pflege zu schaffen, sie so weit zu festigen, daß ich alles einigermaßen geordnet einer Nachfolgerin übergeben kann? Ich war bereit, diesen Beitrag zu leisten.

Der Gedanke, wie interessant und befriedigend gute Pflege auch für die Arbeitenden selbst sein kann und wie vielen Patienten sie zugute käme, gab dann den Ausschlag, daß ich mit den Vorbereitungen zum Umstellen auf Gruppenpflege beginnen wollte. Es war mir bewußt, daß ich alle meine Kräfte dafür einsetzen müsse. Ich war bereit, alles abzugeben, was mich ablenken würde (z.B. Konzertabonnements, handwerkliche Interessen), und die Pflege meines Freundeskreises einzuschränken. Ich war wieder Pendlerin geworden. Feldbach liegt ca. 45 km von Graz entfernt in der Oststeiermark. Meine Grazer Wohnung sah ich nur an den Wochenenden, in den ersten vier Jahren fast nur an Sonntagen.

Es entstand nun ein systematisches Aufbauen und Dazulernen. Was mich das Leben in schmerzlicher Erfahrung gelehrt hatte, kann man sich heute durch bewußte Schulung aneignen.

Dieses Lernen menschlichen Verhaltens ist über das bewußte Erleben der eigenen Reaktionen, über Reflektieren und Umgehen mit den eigenen Emotionen und Empfindungen möglich. Aus den Eigenerfahrungen wächst erst ein neues Verständnis für den Patienten. So kann für ihn eine positiv annehmende Atmosphäre geschaffen werden, die eine große Hilfe für ihn bedeutet.

Der Patient muß sich in seiner Bedürftigkeit in vielen Situationen preisgeben, bei Verrichtungen, die man sonst nur allein und im Verborgenen macht, Hilfe annehmen: Körperpflege, Ausscheidung, sich in Nacktheit zeigen. Schamgrenzen und Schmerzgrenzen müssen überschritten werden. Wenn ich mir vorstelle, daß eine Pflegende ohne einfühlsam aufgebaute persönliche Beziehung arbeiten würde, wäre es unmenschlich, entwürdigend und verletzend für den Patienten. Sie betäubte auch in sich das menschliche Empfinden, verwischte in sich die Grenzen für Scham, Gewalt und Würde. Manche bedauerliche Entgleisung in der Pflege mag daher kommen, daß die Pflegenden nicht darauf vorbereitet wurden, menschlichen Nöten menschlich zu begegnen. Es erfordert viel Anregung und Üben, um diese Fragen voll ins Bewußtsein zu heben.

Als ich gerade so richtig mit meinem Vorhaben anfing, hatte ich das große Glück, daß eine erfahrene Lehrschwester, Diplomschwester Ingrid Frena, die ich gut kannte, bereit war, bei uns zu arbeiten. Sie wurde auf einer Station als Diplomschwester in der Pflege voll eingebunden. Große Dankbarkeit erfüllt mich bei dem Gedanken daran, was sie zum Gelingen dieser ganzen Umstellung beitrug. Mit ihr konnte ich vieles besprechen. Unsere innere Einstellung und das Pflegebewußtsein stimmten überein. Bei meinen Vorschlägen, die oft nur die große Linie festhielten, war ihre Frage meistens: „Und wie stellst du dir das praktisch vor?" Und schon saßen wir und arbeiteten an Details, bis jeweils der neue Gedanke fest mit der Praxis verbunden war. Bei der Vorbereitung, der Durchführung und der Bewertung der Resultate stand sie mir mit ihrer großen fachlichen und menschlichen Erfahrung zur Seite. Ungezählte Abende arbeiteten wir daran, die Pflege im Haus neu zu gestalten. Daß wir uns damit dem Modell der Firma Höchst in Frankfurt annäherten, wurde mir damals nicht bewußt, zu sehr war dies aus den persönlichen Möglichkeiten der Situation erwachsen. Dazu soll auch gesagt werden, daß es damals einfach undenkbar gewesen wäre, einen Lehrschwesternposten für ein Krankenhaus unserer Größe zu bekommen. Unsere Freizeit setzten wir ein. Wir waren müde von unserem Arbeitstag und doch fasziniert von dieser Aufgabe.

Den Durchbruch zu einem angstfreien und offenen Gespräch unter uns Mitarbeitern, im Laufe der Zeit auch zum Patienten, erreichten wir durch das Hinzuziehen zweier Psychologen, Dr. Erika Horn und Paul Benedek, in unsere innerbetriebliche Fortbildung. Es war spürbar, wie mit ihrer Hilfe das Vertrauen unter uns Mitarbeitern zu wachsen begann, die Beziehung zum Patienten sich positiv änderte. Sie begleiteten uns all die

Jahre hindurch. Die Beziehung zum Patienten wurde persönlicher, verstehend-helfend und lebendiger. Dafür ist „Frau B." ein gutes Beispiel.

Frau B. war sechzig Jahre alt, eine einfache, stille, etwas unbeholfen und depressiv wirkende Frau. Wegen Altersdiabetes war sie stationär in Behandlung. Ihre Entlassung wurde bei der Visite für den nächsten Tag vorgesehen. Bei den letzten Laborproben waren die Zuckerwerte wieder so angestiegen, daß die Entlassung verschoben werden mußte. Wir standen noch am Anfang unserer Pflegeentwicklung, mit Pflegeplanung wurde gerade begonnen. Die Schwester, sensibel für Patientenprobleme, nahm sich für ein ausführliches Gespräch mit der Patientin Zeit. Es stellte sich dabei heraus, daß die Patientin abseits und recht isoliert vom Dorf lebte. Sie hatte große Angst vor dem Heimgehen, dem Nicht-Zurechtkommen mit Einkauf, Diätzubereitung und Haushalt, und fühlte sich völlig überfordert. Nun überlegte die Schwester mit ihr zusammen, wie man ihr am besten helfen könnte. Das Ergebnis war: Die Schwester telefonierte mit der Pfarre des Dorfes, organisierte für die ersten vier Wochen eine Familienhelferin als Übergangslösung für zu Hause. Für diese Kontaktaufnahme gibt es heute meist schon eigene Ansprechpartner wie z.B. Fürsorger, Diätassistentin u. a. Die Frau war glücklich, ihre Zuckerwerte stabilisierten sich ohne zusätzliche medikamentöse Therapie rasch, und die Entlassung verlief dann problemlos. Die Besserung war außerdem nachhaltig, da die Patientin durch die Unterstützung zu Hause das Umgehen mit ihrem Diabetes in den eigenen vier Wänden, der eigenen Küche, besser zu bewältigen lernte. Dadurch wurde sehr wahrscheinlich verhindert, daß die Patientin wegen eines Rückfalles bald zur Wiederaufnahme gekommen wäre. Diese Vermutung ist gewagt, aber ich will sie trotzdem aussprechen.

Für das Gespräch mit dem Patienten und in der Pflegegruppe mußten wir erst langsam die Akzeptanz aller anderen Gruppen im Haus erreichen. Das Pflegepersonal wußte, daß es sich auf mich berufen durfte, falls es wegen eines Gespräches mit Patienten beanstandet würde.

Die tatsächliche Umstellung auf Gruppenpflege erfolgte erst nach fast dreijähriger Vorbereitung, und dann nur in Abständen jeweils für eine Station. Erst wenn die erste Einarbeitszeit bewältigt war und meine Begleitung nicht mehr so nötig war, folgte die nächste Station mit der Teilung in kleinere Gruppen. Es hat sich gezeigt, daß sich alles Bemühen um flexibles, selbständiges Arbeiten, alle Sorgfalt im schrittweisen Vorgehen gelohnt hat: Pflegeplanung für jeden Patienten und das Führen der dazu nötigen Dokumentation, des Pflegeplans, all das gewann Gestalt. Der „schwierige bzw. lästige Patient" bekam jetzt meist Verständnis und Hilfe, da man nach der Ursache seines auffälligen Verhaltens suchte. Die Rückmeldung von den Patienten war äußerst positiv. Diese ganze Entwicklung in der Einstellung zur Pflege, zum Patienten, bestand natürlich aus einer Fülle sich gegenseitig bedingender Einzelschritte, zum Teil sehr fachlich-sachlicher Natur. Sie sind im Anhang zusammengefaßt.

Menschliche und gesellschaftliche Fragen

Die Siebzigerjahre – eine Zeit des Aufbruchs

Schon vor meinem Dienstbeginn in Feldbach wurde die Leitung des ÖKV neu besetzt. Die neue Präsidentin wurde Frau Oberamtsrat Oberin Friederike Dittrich. Sie war beruflich in der Steiermärkischen Landesregierung/ Pflegereferat tätig und brachte durch ihre internationalen Kontakte eine Fülle von Anregungen und Aktivitäten in unsere Arbeitsfelder.

Unter ihrer Leitung entstanden verschiedene Arbeitsgruppen, z.B. für Dokumentation der Pflege, Zeitstudien für Pflegetätigkeiten etc. Es waren die ersten Berührungen mit diesen Schreibarbeiten für Pflegefragen, heute selbstverständlich, damals völlig neu und ungewohnt. Wir nahmen an allem Teil und überlegten mit.

Das katholische Bildungshaus in Mariatrost bei Graz bot eine Reihe von Veranstaltungen mit wesentlichen psychologischen Gesichtspunkten für uns Pflegende an, mit hervorragenden Vortragenden, lebendig und praxisnah.

Es war eine Zeit des Aufbruchs und der Hoffnung für uns in der Krankenpflege. Aus diesem großen Angebot neuer Ideen floß vieles in unsere Arbeit ein. Zum Teil wurde dadurch die Planung meiner eigenen Arbeit gezielter, zum Teil konnte ich im Haus Wissen und Erfahrung in der innerbetrieblichen Fortbildung weitergeben, je nach Thema an diplomiertes Krankenpflegepersonal und/oder Pflegehilfspersonal. Wir beteiligten uns an großflächigen Studien, führten kleine für uns selbst durch, um Pflege wirkungsvoller zu machen, das Problembewußtsein an der Basis zu wecken und damit die Qualität der Pflege positiv zu beeinflussen.

Nun, da ich diese Zeilen schreibe, ist viel Zeit vergangen, seit ich in Feldbach tätig war. In der Zwischenzeit hat sich in Österreich innerberuflich schon ein differenzierteres Pflegebewußtsein aufgebaut. Auch die Akzeptanz der anderen Berufsgruppen im Spital für die Eigenständigkeit der Pflege hat zugenommen. Wir waren damals, während der zwölf Jahre meines dortigen Wirkens, in der Steiermark das erste Haus, das konsequent patientenbezogene Pflege aufgebaut, als Organisation Gruppenpflege eingeführt hat. Wir waren damals der Zeit etwas voraus.

Die gehobene Pflegequalität zeichnete sich zunehmend in dem Maße ab, in dem den Pflegenden die Eigenständigkeit und Eigenverantwortung bewußt wurde. Auch die Möglichkeiten zu deren Ausübung wurden verbessert. Sichtbar wurde dies in einer für den Patienten sorgfältig geplanten Pflege, deren gewissenhafter Durchführung und einer äußerst ökonomischen Arbeitsweise. Diese Entwicklung betraf in erster Linie das Pflegepersonal, für dessen Arbeit ich ja die Verantwortung trug, und den Patienten, der der Nutznießer davon war. Indirekt teilte sich unser immer mehr zielbewußtes und patientenorientiertes Arbeiten auch den anderen Berufsgruppen im Haus mit. Es entwickelte sich ein fachlich fundiertes, aufgeschlossenes Zusammenarbeiten aller. Die Bestätigung, daß der Weg richtig war, sich Mühe und Einsatz lohnten, war für uns deutlich, gab Kraft und Mut zur Weiterarbeit.

Ein Beispiel mag zeigen, was stützende Atmosphäre und umfassende Pflege bewirken können.

Herr M. wurde mit der Rettung eingeliefert. Er kam eigentlich zum Sterben. Sein Leben war durch Alkoholgenuß zerstört. Er lag in einem großen Patientenzimmer, müde, lebensmüde in all seinen Funktionen und gelb am ganzen Körper. Ärztlich wurde er medikamentös behandelt, sein Allgemeinzustand war nicht gut. Das Pflegepersonal sorgte auf behutsame Weise dafür, daß die Mitpatienten Verständnis für ihn aufbringen konnten, diese übernahmen sogar kleine Handreichungen und zeigten Anteilnahme.

So war er im Zwölf-Betten-Zimmer gut aufgehoben. Sein Zustand verlangte nachts zunehmend mehr Pflegehandlungen. Da gerade ein Klassezimmer frei war, wurde er für die Nacht mit seinem Bett dorthin geschoben. Wir waren darauf gefaßt, daß er bald sterben werde.

Seine Frau zeigte große Unruhe und das Bedürfnis nach Gesprächen. Die Station, mit Personal knapp besetzt, sah sich überfordert, nahm aber das Kontaktbedürfnis wahr und schickte sie zu mir. Zweimal kam sie zu mir. Unvergeßlich! Beim ersten Mal kam bittere Klage von ihr: finanzielle Sorgen, die Gasthausrechnungen, die Schulden, ihr Alleinsein und sein Heimkommen im Rausch, Gewalt gegen sie, gegen die Kinder. Weinend saß sie da, brauchte einige Zeit aufmerksames Zuhören und Zuwendung, bis sie sich zu gehen traute. Am nächsten Tag bat sie noch einmal um ein Gespräch. Ihre Gesichtszüge hatten nicht mehr die Mischung aus Hoffnungslosigkeit und Zorn wie gestern, sie wirkte gelöst. Es war für mich bewegend, wie sie, völlig verwandelt, von ihm erzählte. Von seiner Weichheit, seiner Zartheit und Verletzlichkeit, von der Liebe zu ihr und den Kindern, die lebendig und beglückend war in den frühen Jahren ihrer Ehe, auch jetzt noch zwischen den Phasen der Betäubung. Sie bat dann ganz schüchtern, ob sie nachts bei ihm bleiben dürfe, was in dem Fall ja gut möglich war.

Da geschah etwas, was wir alle nicht für möglich gehalten hatten. Sie kam jede Nacht. Ihr Mann erholte sich zusehends, zu unserem großen Staunen so gut, daß er gehfähig entlassen werden konnte, nicht geheilt, aber sichtlich erholt und mit Wohlbefinden. Sie gingen beide, sie und er Hand in Hand, aus dem Spital.

Seine Spur hat sich für uns verlaufen. Im Gedächtnis ist eine kostbare menschliche Begegnung und Pflegeerfahrung aufbewahrt. Ein Pflegeteam, das ohne Wertung den Menschen in seiner Not sah, Anteilnahme und Hilfe nach Vermögen gab beziehungsweise einzuschalten wußte, machte dies möglich. Es war eine Freude, mit diesem Pflegepersonal zu arbeiten.

Enttäuschende Grenzerfahrung im Beruf

Ab 1974 schieden innerhalb von etwa sechs Jahren der Oberverwalter und beide Primarii aus der Arbeit im Haus durch plötzlichen Tod beziehungsweise Krankheit aus. Die Posten wurden in den folgenden Jahren neu besetzt. Die Häufung im Verlust erfahrener, mit dem Haus vertrauter Menschen in der Leitung war eine schwere Belastung für uns alle und traf uns mitten in unserer Pflegeumstellung. Das alte Führungsteam hatte unsere Entwicklung und Erfolge in der Pflege von Beginn an miterlebt. Nach vorsichtigem Abwarten und Beobachten in der Einführungszeit hatten wir im Haus, aber auch über das eigene Haus hinaus, Anerkennung und Unterstützung bekommen.

Der Wechsel brachte für mich und uns Unerwartetes. Es zeichnete sich für mich sehr schnell ab, daß die Bereitschaft für eine „kollegiale Führung" nicht mehr zu erkennen war. Im Gegenteil, es schien mir, man versuchte, meine Arbeit zu behindern, sie zu untergraben, mich auszugrenzen. Statt Gesprächsbereitschaft erlebte ich nur psychischen Druck und Ablehnung.

Die „kollegiale Führung" (leitender Arzt – Schwester – Verwalter) war noch nicht lange gesetzlich verankert und im Spital eingeführt worden. Die damit verbundene Aufwertung der Pflege war für viele der damaligen männlichen „Kollegen" in leitender Funktion noch ungewohnt, für manchen anscheinend schwer anzunehmen. Dieses Modell setzte auch von den Partnern eine große offene Kommunikationsbereitschaft voraus.

Für mich war dieses Verhalten zuerst völlig unverständlich, hatte ich doch in den vielen Jahren meines Berufslebens nur gute Zusammenarbeit erlebt. Dann versuchte ich diese Situation zu begreifen. Gedanken, wie ich sie für mich einordnen und damit leben könnte, blieben da nicht aus:

- War es die Frau in der kollegialen Führung, die das männliche Selbstverständnis störte?
- Wurde die große Personalgruppe, die dieser Frau, noch dazu nur einer Diplomkrankenschwester, zugeordnet war, als bedrohliche Macht gesehen?
- War es mein engagiertes Eintreten für die Qualität der Pflege, für eine gezielte Weiterentwicklung des Pflegepersonals?
- War es das gute Einvernehmen zwischen Pflegedienstleitung und Pflegepersonal, das durch die dynamische Entwicklung der Pflege gewachsen war.

Mein erster Gedanke war, in Frühpension zu gehen, ich ließ ihn aber rasch wieder fallen. Es war für mich eine Frage der Wertung und Glaubwürdigkeit meiner Arbeit, meines Gewissens und der Bereitschaft, auch Risiken auf mich zu nehmen. Meine Erinnerung an die Kriegszeit, das viele „Davonlaufenmüssen", war sicher eine starke Motivation, diesmal die Weiterführung meiner Arbeit auf mich zu nehmen.

Die letzten Jahre waren schwer. Ich konnte zwar „mein" Pflegepersonal vor Angriffen weitgehend schützen, für mich selbst war ich aber wehrlos. Wenn ich auch viel im Leben gelernt hatte, Selbstverteidigung gegen Angriffe dieser Art hatte ich nie nötig gehabt. Auch brauchte ich alles, was ich an Zeit und Kraft aufbringen konnte, für meine Aufgabe in der Pflege, die ja sehr anspruchsvoll geworden war.

Während der Woche war ich mit Arbeit so eingedeckt, daß kaum Zeit zum Nachdenken blieb. Erst zu Hause, am Wochenende, fiel diese extrem belastende Situation buchstäblich über mich herein. Sie verhinderte Entspannung und Erholung, die ich so nötig gebraucht hätte. Nach 1945 war es die Töpferei gewesen, die mir geholfen hatte, über das Trauma hinwegzukommen. Es war das Eintauchen in einen Bereich, zu dem die Bilder des Krieges, der absichtlichen Zerstörung von Menschen, keinen Zutritt hatten. Diesmal bewahrte mich mein Spinnrad vor einem wirklichen Schaden.

Ich bekam Wolle von jungen Schafen, so zart wie ich sie später nie mehr hatte, das tat mir wohl. Der Faden, durch meine Hände geformt, lief von mir weg zur Spule. Er nahm Unrast, Kränkung und Verspannung von Körper und Seele mit und ließ sich friedlich aufrollen, ein mechanisches Ableiten von ungeordneter, aufgestauter Energie. Am Ende dieser rhythmischen Übung hatte ich noch dazu einen bezaubernd weichen Wollsträhn. In vielen Stunden des Abends und auch nachts konnte ich wieder Distanz von Erlebtem und Sammlung für die neue Woche finden. Nach meiner Pensionierung sollte unter anderem Arbeit mit Wolle (Spinnen, Färben mit Pflanzen, Weben, Stricken und Filzen) ein Teil meiner handwerklichen Freuden bleiben.

Auch meine Kolleginnen halfen mir durch diese Zeit mit ihrer großen Treue zu mir und zu all dem, was wir gemeinsam aufgebaut hatten. Es war eine Bestätigung des richtigen Weges, daß trotz der erschwerten Verhältnisse die Pflege der Patienten ihre Qualität behielt und auch die Kommunikation auf und zwischen den Stationen und mit mir aufrechtblieb, ja eher noch intensiver wurde.

Unter diesen Bedingungen blieb ich zwei Jahre länger in dieser Stelle, als ich ursprünglich vorhatte. Es ging mir darum, unserer Arbeit den noch möglichst besten Fortbestand zu sichern. Ich wartete ab, bis meine Nachfolgerin ihre Sonderausbildung für leitende Schwestern abgeschlossen und die im Haus nötige Akzeptanz für diesen Posten erreicht hatte. 1982 konnte ich ihr meine Arbeit übergeben.

Nachwort

Ich bin in einer Zeit Krankenschwester geworden, in der es viel ärztliches Wissen und wirksame Medikamente, die heute so selbstverständlich erscheinen, noch nicht gab. Es waren gleichzeitig die dramatischen Jahre des Krieges. Aber gerade diese Zeit der Not hat mir einen wesentlichen Anteil der Pflege deutlich gemacht, den ich vielleicht sonst nie so erkannt hätte. Es ist dies das Aufspüren und Mobilisieren der Selbstheilungskräfte, die in jedem Menschen verborgen sind. Als Pflegende im Lazarett in Rußland hatten wir in Wirklichkeit nichts anderes mehr einzusetzen als die große Sehnsucht nach der inneren Ganzheit des Menschen. Bei den vielen Schwerstverletzten, die bis an die äußerste Grenze ihres Lebens bedroht waren, suchten wir nach den Kräften und Energien, die im Patienten lagen, nach den positiven Bildern ihrer Erinnerungen. Wir hofften, den Willen zum Leben, zum Gesunden wieder wachrufen zu können, als Bollwerk gegen die sinnlose Zerstörung von Menschenleben. Zusätzlich zu den Pflegehandgriffen und -tätigkeiten waren unsere Möglichkeiten sehr begrenzt. Große Bedeutung bekamen: Zuwendung, Verstehen, Gespräch, Anteilnahme, Mitgefühl und Phantasie. Wir versuchten, die eigene Beziehungsbereitschaft als eine Brücke zum Leben immer wieder neu anzubieten.

In den Jahrzehnten danach durchlebte ich verschiedenste Erfahrungswelten, konnte selbst manches in mir zur Ruhe bringen und Neues dazulernen. Jede Zeit brachte ihre Weise des Verstehens mit sich. Ich erlebte auch die Entwicklung meines Berufes mit immer mehr und atemberaubenderem Wissen von Theorie und Technik.

Weitgehend in den Hintergrund gedrängt, wenn nicht überhaupt verloren im Pflegeberuf, schien mir das Gefühl und die Erfahrung im Aufbau der Beziehung zum Patienten und ihre Bedeutung. Die einseitige Entwicklung in rein mechanisch ausgeführte Handlungen beunruhigte mich tief, machte mich traurig. Hatte ich doch gerade die menschliche Beziehung als kostbaren Wesensanteil für die Patienten und für mich in meinem Beruf erfahren. Der Einsatz des eigenen Willens zum Wieder-gesund-Werden ist eine Kraft, die damals für viele lebensrettend war. Diese

Möglichkeit liegt auch heute noch im Menschen verborgen. Wir müssen ihr nur wieder einen Weg bahnen, eine Stimme geben. Zusätzlich zu all dem, was Medizin heute vermag, würde es zu noch wirksamerem und oft nachhaltigerem Behandlungserfolg beitragen.

Ideal wäre sicher, wenn im Krankenhaus alle Angestellten aus einer positiven Einstellung zum Patienten zusammenarbeiten würden. Das Pflegepersonal ist aber von allen Berufsgruppen die längste Zeit des Tages dem Patienten räumlich nahe und hat die Möglichkeit, viele Anknüpfungspunkte für helfende Begegnung zu nützen.

Heute weiß man z.B., daß basale Stimulation ein Mittel in der Pflege ist, mit dessen Hilfe Patienten trotz somnolenten Zustandes unter Umständen emotional erreicht und in ein waches Bewußtsein geholt werden können. Die Forschung in der Immunologie hat gezeigt, daß Angst und Streß die Abwehrkräfte rapide absinken lassen beziehungsweise daß ein gutes Betriebsklima stärkend wirkt. Was wir früher nur intuitiv fühlten und an positivem Kontakt einsetzten, hat heute schon wissenschaftliche Berechtigung.

Meine zwölf Dienstjahre, in denen ich die Leitung des Pflegedienstes hatte, boten mir Gelegenheit, dieses vergessene Wissen und die Bedeutung von menschlicher Beziehung in der Pflege im eigenen Haus wieder aufzubauen. Es war möglich!

Die große Enttäuschung der letzten Jahre machte mir eines klar: Manches, was wir mit viel Energie und persönlichem Einsatz aller aufgebaut hatten, wurde anschließend nicht mehr gewünscht und zurückgedrängt. Das war ein starker Beweggrund, meinen Weg für mich nachzuzeichnen, mir selbst über manches Klarheit zu schaffen und das, was mir so wichtig war und ist, weiterzugeben.

Vielleicht mag das Aufzeigen dieser vielen, vielen kleinen Schritte in meinem Schwesternleben „von damals" manche dazu ermutigen, auch ihren Weg zu einer persönlichen Pflege zu finden. Die Dankbarkeit, die vom Patienten zu uns zurückkommt, und das Wachsen des eigenen Verständnisses für menschliche Fragen sind ein kostbarer Gewinn.

Anhang

Übersicht

Feldbach — 151

Planung und erste Aktivitäten — 153
    Anstaltsapotheke
    Intensivstation
    Überlegungen
    Der Plan für die Umstellung

Umsetzung — 161
    Ausbildungsplan
    Fachbücherei für die Stationen
    Innerbetriebliche Fortbildung (I. F.)
    Führungsarbeit
    Geplante Pflege und ihre Dokumentation
    Kursentsendungen
    Teamarbeit
    Gruppenpflege
    Schülerinneneinsatz
    Begleitung während der Einführungszeit
    Studien

Abschließende Gedanken — 179
    Ausblick

Veröffentlichungen — 183

Feldbach

Das Landeskrankenhaus mit 246 Betten hatte eine interne und eine chirurgische Abteilung mit je zwei Stationen zu 50 Betten und eine Geburtshilfeabteilung mit 46 Betten, die dem chirurgischen Primariat zugeordnet war. Nach meiner Übernahme sah ich die Aufgabe darin, anstelle der Funktionspflege persönlichkeitsbezogene Gruppenpflege einzuführen.

Durch mein Berufsleben lag eine Fülle kostbarer Pflegebilder und Pflegeerfahrungen wie ein Schatz in mir, die mein Bewußtsein für Pflegeverantwortung und Pflegequalität formten. Diesem Bewußtsein wollte ich treu bleiben. Interesse an der Sache und Hoffnung auf das Gelingen gaben den Ausschlag, daß wir mit den Vorbereitungen für die Umstellung auf Gruppenpflege begonnen haben. Damit war mein Arbeitspensum für die nächsten zehn Jahre voll ausgelegt.

Viele meiner Bedenken und Zweifel konnte ich, meist an den Wochenenden bei Berggängen, im Gespräch mit meiner Oberin der Rotkreuzschwesternschaft Steiermark, Diplomkrankenschwester Hedwig Pfannes, abklären.

In meiner neuen Stellung sah ich folgende Schwerpunkte:
- Führung des Pflegepersonals
- Verantwortung für die Pflegequalität
- Verantwortung für die Sachwerte im Pflegesektor.

Planung und erste Aktivitäten

Anstaltsapotheke

Es war üblich, daß die Oberschwester zusätzlich die anfallende Arbeit der Anstaltsapotheke leistete. Der Zeitaufwand durch die dort nötige Arbeit war beträchtlich, dazu gehörten Vorbereitung der Bestellungen, Vertreterbesuche, Lagerhaltung, Karteiführung, Ausgabe im Haus und Kontrolle auf den Stationen. Als Diplomkrankenschwester war ich außerdem zu manchen Tätigkeiten gesetzlich nicht berechtigt, dies war nur der Arzt oder ein Apotheker. Die Apotheke mußte ich unbedingt loswerden, abgeben, aber nicht an einen Hilfsdienst, wie mir nach beharrlichen Anfragen angeboten wurde. Das hätte keine Entlastung bedeutet, die erste Stelle für Reklamationen bei Fehlern wäre wieder ich gewesen. Einen Apotheker hätte ich nie bekommen. So wollte ich offiziell einen Planposten für eine Diplomkrankenschwester, die zumindest dieselben rechtlichen Voraussetzungen wie ich hatte. Nur durch eine über drei Monate exakt geführte Zeitstudie mit jeweiliger Verantwortungszuordnung, die ich bei der Landesregierung einreichte, hatte ich schließlich doch Erfolg – nach vier Jahren Überzeugungsarbeit.

Intensivstation

Kaum hatte ich das Haus übernommen, sollte eine chirurgische Intensivstation aufgebaut werden. (Ein Jahr später entstand dann auch die interne Intensivstation.) Noch nie mit einer Intensivstation konfrontiert, die letzten fünf Jahre mit Rotkreuzkursen beschäftigt, fühlte ich mich völlig überfordert mit der Planung. Auf eigenen Wunsch konnte ich vierzehn Tage in der Grazer Klinik auf einer Intensivstation hospitieren. Gespräche mit den Ärzten, den Diplomkrankenschwestern (sie wußten um meinem Auftrag), das Erleben des Geschehens an und um den Patienten, all das war eine entscheidende Hilfe. Die Planung im eigenen Haus mit dem zuständigen Oberarzt und einer fallweise zugezogenen qualifizierten Intensivschwester aus Graz war äußerst positiv.

Nach reiflicher Überlegung mit dem Primarius und dem Oberarzt entschlossen wir uns, entgegen aller Tradition, diese Station mit einem ganz jungen Team frisch diplomierter Schwestern zu besetzen. Wir wollten mit der Kraft der jungen Menschen, die in ihren Verhaltensmustern noch leichter beeinflußbar sind, noch nicht durch langes Berufsleben abgeschliffen und abgestumpft waren, ein neues Pflegeverständnis aufbauen. Der Besuch der Sonderausbildung wurde verpflichtend für sie. Ich versprach meine Begleitung, bis die jungen Schwestern in ihre Aufgabe hineingewachsen waren. Zuerst war ich täglich auch öfter auf der Intensivstation, nach zwei Jahren meldeten sie sich fallweise selbst, wenn sie Unterstützung brauchten. Hier setzten wir die ersten Schritte zur Teamarbeit, wir begannen mit Pflegeplanung und ihrer Dokumentation. Bei innerbetrieblichen Problemen, Organisationsfragen und der Zusammenarbeit mit den anderen Stationen, die noch in Funktionspflege geführt wurden, brauchten sie oft noch Stütze. War doch früher das Aufrücken in der Schwesternhirarchie wesentlich daran gebunden, wer am längsten auf dieser Station gearbeitet hatte, meist die älteste. Es brauchte einige Zeit, bis diese Gruppe von „nur jungen" Schwestern von den anderen Kolleginnen anerkannt wurde. Auch von ärztlicher Seite erhielten sie in ihrer Dienstzeit regelmäßige Fortbildung auf der Station. Die Freude an ihrer selbständigen Aufgabe, die Einsatzbereitschaft und die fachlichen Fähigkeiten haben gezeigt, daß die Wahl der Stationsbesetzung richtig war.

Eine Schwierigkeit war noch, daß wir die Intensivstation pro Tag vierundzwanzig Stunden mit diplomiertem Personal besetzen mußten, zum Teil auch in Doppelbesetzung. Eine eigene Diplomkrankenschwester im Nachtdienst für die fünf bis sechs Betten war damals für ein Landspital nicht üblich! Eine graphische Darstellung, auch für Berufsfremde leicht überblickbar, brachte uns den Erfolg. Durch diese Dokumentation ist auch Jahre später auf einen Blick erfaßbar, wie die Situation am jeweiligen Tag war: Welcher Patient lag mit welchem Pflegeanspruch auf der Station, welches Pflegepersonal hatte Dienst. Diese graphische Darstellung wurde bis heute beibehalten.

Das bildhafte Aufzeichnen des Patienten mit seinem Schicksal, auch wenn es sehr schematisch wirkt, bringt ein wenig menschlichen Zugang zum Geschehen auf der Intensivstation. Es läßt die Anforderung und Spannung, die psychische Belastung ahnen, unter der das Arbeitsteam steht.

Ein kleiner Zusatz: Nach einem Verkehrsunfall noch im ersten halben Jahr nach Inbetriebnahme der Intensivstation landete ich selbst für eine Nacht dort zur Aufnahme und fiel anschließend drei Wochen für die Arbeit aus. Nach meinem Krankenstand begrüßte mich unser Primarius schmunzelnd: „Ich habe Sie inzwischen als Oberschwester auf Intensiv vertreten! Die Schwestern waren in Ordnung."

Aufstellung Intensivstation

	1.	2.	3.	4.	5.	6.	7.	8.	9.	10.
		H.SCH. *Bluter*	H.SCH. *Stumpfes Bauchtrauma*						FR.M. *Schenkelhalsnagelung*	
	H.H. *Intoxikation (Bienenstich), Herzinfarkt*	H.K. *Verl. Hinterhaupt Com. Ceribri*				H.J. *Cholecystektomie* ✝	H.P. *Cholecystektomie*			
	H.BL. *Intoxikation*		FR.U. *vlg Schädeldach- und -basisfraktur*	FR.A. *Billroth 1*	H.L. / *Schädeldach- und -basis und offener Unter- schenkelbruch* ✝	H.M. *Sepsis* ✝				
	H.N. *Commotio*					FR.KO. *Herzinfarkt*				
0	B	Sr. FR	Sr. FR	Sr. FR	Sr. FR	Sr. MI	Sr. MI	Sr. MI	Sr. MI	Sr. MI
1	Sr. RO	Sr. RO	Sr. RO	Sr. RO	Sr. RO	Sr. RO	Sr. HE	Sr. HE	Sr. HE	Sr. HE
		Sr. LA	Sr. LA	Sr. LA	Sr. BE	Sr. BE	Sr. BE	Sr. FR	Sr. RO	Sr. RO
4	3	4	4	4	4	5	3	2		
5	4	3	4	3	4	3	0			
1	5	4	6	4	5	5	5	3	2	

Legende

—	= chirurgischer Patient
—	= medizinischer Patient
‖	= kontrollierte Beatmung
‖	= assistierte Beatmung
¦	= bewußtlos, verwirrt
—	= bei Bewußtsein, aber großer Pflegeanspruch
┄	= Beobachtung vor Verlegung
✖	= Operation
●	= Unfall
✝	= verstorben

0	Sr. FR	= Belag nachts, Name der Schwester
1	Sr. RO	= Belag tags, Name der Schwester
	B	= Nachtbereitschaft, nicht abgerufen
	1	= Gesamtbelag

Arbeitsnachweis und Grundlage für Verschiedenes wie zum Beispiel: Statistik, Personalplanung, Personalanforderung etc.

☐ Anzahl der Patienten / gesondert Tag und Nacht
☐ Diagnose (chirurgisch / medizinisch)
☐ Betreuungsintensität anhand des Allgemeinzustandes des Patienten
☐ Patient verstorben
☐ Patient gebessert auf eine Station verlegt
☐ Verweildauer des Patienten
☐ Diensthabende Schwester

Überlegungen

Neben der eigenen Sonderausbildung, Aufbau einer Intensivstation und Apothekenführung blieb kein Spielraum. Mein Stoßgebet war: „Hoffentlich wirkt die Führung durch meine sehr strenge und autoritäre Vorgängerin so nachhaltig, daß das Pflegepersonal ordentlich arbeitet, obwohl ich wenig in Erscheinung trete." Es galt, das Haus zuerst kennenzulernen, seine innewohnenden Gesetze und Rhythmen, die einzelnen Menschen und die Form des Zusammenspiels. Ich mußte mich „einwohnen".

Auch nach dem Abschluß der Sonderausbildung drückte mich noch der Gedanke, daß ich für einen so großen Mitarbeiterstab die Verantwortung zu tragen hatte. So versuchte ich weiterhin, alle Möglichkeiten zur Fortbildung wahrzunehmen, die mir für die Personalführung wichtig erschienen. Drei Seminare für Gruppendynamik in Gleichenberg und Alpbach und einige Managementkurse füllten die Urlaubszeit meiner ersten drei Jahre.

Für die Umstellung auf Gruppenpflege sah ich es als wichtig an, mit dem gesamten Pflegepersonal, von der ältesten Diplomschwester bis zum jüngsten Hilfsdienst, zuerst eine neue Pflegeeinstellung zu erarbeiten. Der Patient sollte in seiner Ganzheit der Mittelpunkt der Pflege sein.

Mit beiden Primarii des Hauses war ich über meine Vorstellung von der Entwicklung der Pflege im Gespräch. Sie hörten sich alles an. Der leitende Primarius meinte damals dazu, er werde einmal abwarten, wie es sich auswirke. Bei jedem neuerlichen Schritt behielt er sich das zuerst vor und war dann voll damit einverstanden, als er sah, daß die Pflege wirklich sorgfältiger wurde.

Der Plan für die Umstellung

Mein Plan für die Umstellung auf Gruppenpflege hatte nun Form angenommen. Die Motivation des Pflegepersonals für diese Umorientierung wollte ich durch die Erweiterung der fachlichen Kenntnisse in der Pflege erreichen. Das Verändern im Verhalten der Pflegenden wollte ich durch vertieftes menschliches Verstehen und Denken, nicht rein durch „Anordnen" bewirken. Der Plan mußte so umfassend angelegt sein, daß sich keine meiner Pflegenden der Umstellung entziehen konnte. Er sollte die gesamte Pflege und die Pflegeorganisation betreffen, um alte, starr gewordene Gewohnheiten zu durchbrechen, damit Neues entwickelt werden konnte. Hier läßt sich nur nacheinander aufzählen, was in Wirklichkeit gleichzeitig geschah, sich gegenseitig beeinflußte und so zu einem lebendigen Geschehen wurde.

Der Plan hatte folgende Hauptpunkte:
a) Das nötige Inventar bereitstellen
b) Die Personalfrage Quantität und Qualität lösen
c) Die Organisation aufbauen
d) Für alles einen Zeitrahmen schaffen

a) Das zusätzliche Inventar (Verbandwagen, Instrumente, Visitewagen etc.) konnte über den Verwaltungsweg ohne Problem rechtzeitig bereitgestellt werden, so daß die Gruppen dann ungehindert arbeiten konnten.
b) Schwieriger war die Frage des Personals. Die Quantität ging nur über den Dienstpostenplan. Wir bekamen aufgrund der Umstellung kaum mehr Pflegepersonal, suchten aber für den Umstellungsbeginn die personalmäßig günstigste Zeit aus. Für die Bewilligung dieser Umstellung auf Gruppenpflege mußte bei der Landesregierung zum richtigen Zeitpunkt angesucht werden. Für die Qualität des Pflegepersonals mußten wir selbst sorgen. Dazu boten sich an:
• Sonderausbildung für alle Führungskräfte
• Sonderausbildung für Spezialgebiete
• Kursentsendung zur Weiterbildung
• Innerbetriebliche Fortbildung (I. F.)
• Fachbücherei für die Stationen
• Besprechungskreise
c) Für die Organisation vor Beginn der Gruppenpflege war wichtig:
• die freiwerdenden Funktionsstellen mit dafür ausgebildeten Diplomkrankenschwestern zu besetzen
• abgegrenzte Verantwortungsbereiche zu schaffen
• auf jeder Station Aufgabenbereiche an Einzelpersonen zu delegieren, z.B. Hygieneschwester
• Teamarbeit einzuüben
• abzusichern, daß einheitliche Vorgangsweise im Haus gewährleistet bleibt

- verläßliche Information im Pflegewesen sicherstellen
- Stationen in Gruppen einzuteilen
- meine Begleitung während der Einführungszeit

d) Für die einzelnen Schritte habe ich einen Zeitrahmen erstellt, der auch einigermaßen eingehalten werden konnte.

Umsetzung

Ausbildungsplan

Der Plan für die Sonderausbildung der Stationsschwestern, der ersten OP- und ersten Intensivschwestern und ihrer Stellvertretung wurde mit den Diplomschwestern und den Primarii besprochen. Ebenso, daß alle Schwestern des OPs und der Intensivstationen die Sonderausbildung ihrer Disziplin nachholen müssen. Heute wahrscheinlich keine Frage mehr.

Selbstverständlich zu erwarten war die gewissenhafte Ausführung ärztlich verordneter Behandlungspflege, ein Thema, auf das in der Grundausbildung sehr viel Wert gelegt wurde. In der I. F. sollte die in Eigenverantwortung auszuführende Pflege bewußt und lebendig gemacht werden. Es erschien mir wichtig, Pflegeinhalte spürbar zu machen, Verhaltensweisen anzuregen, um die Voraussetzung zu schaffen, daß Änderungen auch sinnvoll begonnen werden können, wie Pflegeplanung und Gruppenpflege.

Mit dem zunehmenden Pflegebewußtsein der Schwestern schlossen wir in Absprache mit ihnen, mit dem leitenden Primarius und dem Betriebsrat eine Rechtsschutz-Gruppenversicherung für das Krankenpflegepersonal ab. Sie enthielt einen „Personalpolster". So waren bei kleinen Personaländerungen die Pflegepersonen beziehungsweise Schülerinnen und Praktikantinnen bei ihrem Einsatz versichert, ohne daß sie der Versicherung gemeldet werden mußten. Mit dem Selbständigerwerden hielt ich diese Maßnahme für zweckmäßig. Wir haben nie darauf zurückgreifen müssen.

Fachbücherei für die Stationen

Zum Selbststudium und als Nachschlagemöglichkeit gelang es, für jede Station und die Funktionsbereiche wie Operationsbereich, Ambulanzen etc. eine Fachbücherei aufzubauen, aus dem Bereich der Pflege, der Medizin und den Randgebieten, wie z.B. Psychologie, Soziologie, Gesprächsführung u.a.m. Die Bücher waren im Schwesternzimmer für alle frei zugänglich aufgestellt. Da alle Stationen zur gleichen Zeit ausgestattet werden konnten, bestand kaum Gefahr des Abhandenkommens der Bücher. Sie wurden viel und gerne benützt, nicht nur vom Pflegepersonal.

Innerbetriebliche Fortbildung (I. F.)

Es fügte sich sehr glücklich, daß in diesen Jahren in der Landesregierung eine Diplomkrankenschwester, Oberin Friederike Dittrich, Präsidentin des ÖKV, das Pflegereferat innehatte. Als Oberamtsrat war sie mit Kompetenzen ausgestattet. Sie unterstützte alles, was Fortbildung und Eigenständigkeit in der Pflege betraf. Viele wertvolle Anregungen aus internationalen Quellen gab sie an uns weiter.

In den ersten drei Jahren wurde die I. F. vom Pflegereferat der Landesregierung aus organisiert und alternierend in den verschiedenen Häusern der Oststeiermark angeboten. Die Teilnahme war dadurch immer nur für einige möglich. Je mehr das eigene Hausprogramm heranwuchs, desto wichtiger war es, daß das gesamte Pflegepersonal daran teilnehmen konnte. Überdies wollten wir auf den Erfahrungen im eigenen Haus aufbauen.

Der Mut zu Veränderung im Verhalten kann durch Übungsmöglichkeit in geschützter Gruppensituation gestärkt werden. Es war mit ein Grund, daß wir die I. F. für „unsere" Schwestern, „unsere" Sanitätshilfsdienste und für die Pflegeziele in „unserem" Haus ganz persönlich gestalten wollten.

Daß sich gerade zu dieser Zeit unserer Entwicklung Diplomschwester Ingrid Frena bei uns um einen Pflegeposten bewarb, war wie ein Geschenk der Stunde. Sie war zusätzlich ausgebildete Lehrschwester mit viel praktischer Erfahrung. In vielen Stunden unserer Freizeit arbeiteten wir gemeinsam an der Umstellung. Sie hat wesentlich dazu beigetragen, das neue Pflegeverständnis wachsen zu lassen und zu festigen. Mit Dank und Freude denke ich an diese vielen kreativen Stunden und das erfreuliche Ergebnis.

Nach jeder I. F. stellten Ingrid und ich eine Fehlerliste zusammen. Was nicht so erreicht wurde, wie wir es uns vorgestellt hatten, wurde neu überlegt und für die nächste Veranstaltung bereitgehalten.

Ab 1974 blieben wir mit der I. F. in unserem Haus und luden uns Diplomschwestern aus den Nachbarhäusern ein. Die I. F. wurde in Parallelkursen gehalten. Es sollte, konnte, mußte jeder mitmachen; die Dienstpläne wurden darauf abgestimmt. Es war mir wichtig, daß die Informationen möglichst unverzerrt und direkt die einzelnen Teilnehmerinnen erreichten.

Jeder Block hatte zwölf bis sechzehn Stunden (drei bis vier Nachmittage in doppelter Ausführung). Wir setzten ein Hauptthema für die Pflege und baten den Arzt, seine Sicht dazu oder sein Anliegen für die Pflege in einem Einführungsreferat zusammenzufassen. Darauf folgte das Pflege-Koreferat, z.B. zum Thema „Pflege eines Patienten nach einem Schlaganfall". Dazu gab es auch praktische Übungen, um exakte Lagerungen durchzuführen. Abschließend zum Leitthema wurde eine Aufgabe gestellt, die im Gespräch, in Kleingruppen (sechs bis zwölf Teilnehmer pro Gruppe) zu lösen war. Die Aufgaben für die Gruppenarbeiten wurden so formuliert, daß die Problemlösung aus der praktischen Erfahrung der Teilnehmerinnen erarbeitet werden konnte. Im folgenden Beispiel sollten die Schwestern dazu angeregt werden, die Entlassung des Patienten „Herrn K." nach einem Schlaganfall sehr sorgfältig vorzubereiten.

Herr K., 64 Jahre alt, Kraftfahrer, Zustand in der zweiten Woche des Krankenhausaufenthaltes: Hemiplegie rechts, verwaschene Sprache, kaum verständlich, kontaktarm, hat Schwierigkeiten beim Schlucken, Harn- und Stuhlinkontinenz, eher verstopft, Übergewicht. Er freut sich auf den Besuch seiner Frau. Angehörige: Frau, 58 Jahre alt, hat kleine Landwirtschaft zu versorgen. Sie ist mutlos und erwartet von uns, daß wir für ihren Mann alles tun. Drei Kinder sind verheiratet und von zu Hause fort, haben den Vater noch nie besucht.

Für diesen Patienten waren zwei verschiedene Varianten zu erarbeiten:

Themengruppe I:
- Wann soll die Vorbereitung des Patienten auf seine Entlassung beginnen?
- Was sollen Angehörige, die die Pflege übernehmen wollen, lernen, um den Patienten zu Hause gut pflegen zu können?
- Welche Möglichkeiten sehen Sie im Stationsalltag, die Angehörigen in die Pflege einzubeziehen?
- Welche Berufsgruppen sind an der Vorbereitung des Patienten auf die Entlassung beteiligt?
- Was sollte der Pflegebericht an die sozialmedizinische Krankenschwester enthalten?

Themengruppe II:
- Was sollte der Patient bei seiner Entlassung können, damit er zu Hause gepflegt werden kann?
- Worüber sollen Angehörige, die diesen Patienten zur Pflege übernehmen, informiert werden?
- Welche Änderungen müssen eventuell in der Wohnung des Patienten vorgenommen werden?
- Welche Schädigungen können durch mangelhafte Pflege verursacht werden?
- Welche Anregungen bezüglich der Pflegehilfsmittel können wir den Angehörigen geben?

Für alle Fragen, die den menschlichen Umgang mit Patienten betreffen, waren alle Angestellten, die am Patientenbett eingesetzt wurden, eingeladen: Sanitätshilfsdienste (SHD, die damals geforderte Ausbildung für Pflegehilfspersonal), Physikotherapeuten (Phys. Th.), med. techn. Assistenten (MTA) und Hebammen. Wichtig war die Mischung in der Gruppe (interdisziplinär, Hierarchie-übergreifend). Sie sollten ins Gespräch kommen, Anregungen austauschen, Vorurteile abbauen, kreativ werden und Lösungen suchen, die dadurch erst die Chance hatten, in die Praxis umgesetzt zu werden. Es gab auch spezielle Themen nur für SHD oder nur für Diplomschwestern. Die Gruppenarbeiten wurden meist von Schwester Ingrid betreut, im Plenum gesammelt, ergänzt, Wichtiges noch unterstrichen und der Reichtum an Gedanken hervorgehoben. Das brachte eine sehr wirksame emotionale Stützung. Die I. F. begleitete unser Pflegepersonal durch die Jahre, die ich in Feldbach war.

Ein weiteres Beispiel soll zeigen, wie wir versuchten, der Gefahr entgegenzusteuern, „Bagatellfehler" als „Kavaliersdelikt" abzutun. Thema für die Arbeit in Gruppen zu je ca. acht Personen war: *„Bagatellfehler* (Fehler und Unterlassungen), die bei der Pflege, Behandlung und Aktivierung von älteren Patienten mit arterieller Durchblutungsstörung oder bei Beinamputierten vorkommen können und deren Auswirkung."

Durch die einzelnen Gruppen dieser zwei Nachmittage wurden eine Fülle verschiedenster „kleiner" Fehler beziehungsweise Unterlassungen mit ihren gravierenden Folgemöglichkeiten aufgearbeitet. Im Plenum wurden die Beiträge gesammelt und an Hand einer Situation ein Schaubild der möglichen Folgen erstellt. Ein Anreiz, um die Sensibilität für die Pflege zu verbessern.

Auswirkung:
Ursache: — Kontraktur
zu harter Polster — Schmerzen
als Unterlage — Störungen der Durchblutung
— Rötung, Gefahr des Wundliegens
— Verzögerte Heilung der Operationswunde
— Prothese kann nicht getragen werden
— Erschwertes Eingliedern in das normale Leben
— Bettruhe verlängert
— Gefahr einer Lungenentzündung
— Psychische Beeinträchtigung
— Verlust des Vertrauens zur Pflegeperson
— Längeres Getrenntsein von Familie und vertrauter Umgebung

Diese Gedanken, selbst im Gespräch aktiv erarbeitet, bleiben im Gedächtnis besser verankert als nur Gehörtes.

Eigenständigkeit heißt auch Eigenverantwortung tragen, heißt auch, um die möglichen Folgen bei unzureichendem oder unsachgemäßem Handeln zu wissen. Eine Diplomschwester sagte mir einmal nach einem Schulungsnachmittag: „Es ist sehr schön, daß wir einmal ganz in Ruhe über unsere Pflege sprechen können."
Fragen wurden wichtig, wie z.B.:
- Wie sieht aktivierende Pflege in der Praxis aus?
- Wie steht es um das Gesundheitsbewußtsein des Patienten?
- Wie kann man es stützen? Lassen wir ihn das, was er selbst noch kann, auch wirklich tun?
- Können wir zur Krankheitseinsicht und ihrer Bewältigung etwas beitragen?
- Wann ist es nötig, Fachkräfte oder Menschen zuzuziehen, die dies unterstützen können?

Schwerpunkte

Es ergaben sich Schwerpunkte, über die wir versuchten, das Pflegepersonal so anzuregen, daß es sein Verhalten zueinander und damit auch zum Patienten verändern konnte.

• *Beziehungsarbeit – Gesprächskultur – Persönlichkeitsentwicklung*
Unter *Beziehungsarbeit* verstehe ich ein bewußtes Aufbauen von Vertrauen zwischen zwei oder mehreren Menschen. Dazu gehören unter anderem Fähigkeiten wie Offenheit, Sicherheit geben, Achtung zeigen, zuhören können, ohne gleich werten zu müssen, zu verstehen suchen, was der andere meint, auch wenn er sich unbeholfen (oder verschlüsselt) ausdrückt, einfühlsam sein, ermutigen, wo es möglich ist. Auch Verschwiegenheit gehört dazu, sie bildet die Grundlage für eine gute Gesprächskultur und unterstützt die Persönlichkeitsentwicklung.

Diese Fähigkeiten liegen in jedem von uns, wir spüren sie oft selbst erst, wenn wir durch andere verletzt werden. Diese feinen Nuancen der Achtsamkeit können, wie alles, womit wir Menschen ausgestattet sind, bewußt geübt, erfahren und vertieft werden. Dies ist wichtig in der Pflege, wo wir mit Menschen in Krisensituationen zu tun haben.

Zur Beziehungsarbeit gehört auch, die eigenen Grenzen kennenzulernen, sich abgrenzen zu können zum Schutz für sich selbst, als eine unter Umständen wichtige Erfahrung auch für den anderen.

• *Das Gespräch*
Im Gespräch wird über die sachlichen Inhalte hinaus meine Beziehung zum Partner deutlich. Beim Gespräch im Team werden unter anderem gruppendynamische Probleme aufgearbeitet, Organisationsfragen geklärt, Arbeitsprogramme besprochen und Pflegegespräche geführt. Verständnis sollte wachsen für die Beziehung zwischen dem Patienten und seiner Bezugsschwester, ohne Neid in der Pflegegruppe, ohne sich ausspielen zu lassen. Eine Schwester sollte sich von ihrer Gruppe unterstützt fühlen, wenn sie einen besonders belastenden Patienten betreut, z.B. einen Sterbenden.

Das Gespräch mit dem Patienten halte ich für einen wesentlichen Anteil an der Pflege. Wir erleben nicht nur beim Krankenpflegepersonal Angst vor dem „Sich-Einlassen" auf ein Gespräch mit dem Patienten, sondern auch bei den anderen Berufsgruppen im Krankenhaus. Dies kann zur Folge haben, daß nötige Gespräche mit dem Patienten weitgehend vermieden oder abgeblockt werden, besonders wenn es um bedrohliche Diagnosen geht. Es muß geübt werden können, um die Scheu davor zu verlieren, wenn es im Genesungsprozeß bewußt eingesetzt werden soll.

Das Gespräch mit dem Patienten kann ihm das Gefühl von Angenommen-Sein, Verstanden- und Geachtet-Werden geben und Angst nehmen. Das kann verhindern, daß er zum „schwierigen Patienten" wird.

Die Gruppenarbeit stand unter dem Thema „Bedürfnisse des Patienten erkennen und darauf reagieren".

„Ein schwieriger Patient"
- Beschreiben Sie Begebenheiten, Situationen, Gespräche, in denen Sie einen Patienten als schwierig empfunden haben.
- Überlegen Sie bitte, was die Ursache für das Schwierigsein gewesen sein könnte.

Für die zweite Themengruppe hieß es:

Beschreiben Sie Situationen oder Begebenheiten, durch die aus einem „schwierigen Patienten" ein zur Mitarbeit bereiter Patient wurde – worüber wir uns freuten.
- Welche waren die ausschlaggebenden Verhaltensweisen, Gespräche oder Handlungen, die eine positive Änderung bewirkten?

Das Thema sollte anregen, das Problem „lästiger Patient" zu hinterfragen und nach Lösungen zu suchen, statt ihn als „schwierig" abzustempeln. Es ging darum, das zugrunde liegende Problem für sein auffälliges Verhalten zu erkennen, um den Weg zu positiver Zusammenarbeit freizumachen. Viele positive Lösungsansätze wurden gefunden.

Verbunden mit Beobachtung, bringt das Gespräch mit dem Patienten erst die Voraussetzung für eine persönlich ausgerichtete Pflege. (Z.B.: Erst wenn ich weiß, daß der Patient zu Hause drei Stufen bewältigen muß, um sein Zimmer verlassen zu können, kann ich vor seiner Entlassung das nötige Training veranlassen.) Das Gespräch mit dem Patienten ist nicht nur gesundheitsfördernd, sondern wirkt sich letztlich auch kostengünstig für die Ausgaben im Gesundheitswesen aus.

Ich möchte hier nicht den Eindruck erwecken, daß die Kontaktpflege zum Patienten „nur" die Aufgabe des Pflegepersonals ist. Ideal ist es sicher, wenn alle im Haus aus dieser Einstellung heraus zusammenarbeiten. Die

Schwester ist aber von allen Berufsgruppen die längste Zeit des Tages dem Patienten räumlich nahe und hat die Möglichkeit, viele Anknüpfungspunkte für helfende Begegnungen zu nützen.

- *Psychologen*

Wesentliche Beiträge bei unserer I. F. leisteten zwei Psychologen, Frau Dr. Erika Horn und Herr Paul Benedek, die wir in unser Haus baten und die uns die Jahre über treu blieben. Mit ihrem großen fachlichen Wissen und menschlichen Verstehen halfen sie uns mit Themen wie z.B.: „Was fördert ein gutes Gespräch, was stört ein gutes Gespräch", „Konfliktbewältigung" etc. Auch diese Fragen wurden in Kleingruppen aufgearbeitet. Erst mit ihrer Hilfe gelang es unter uns Pflegenden, gegenseitige Ängste ab- und Vertrauen aufzubauen, einander zuzuhören, im Gespräch entgegenzukommen und Wertschätzung zu zeigen. Aus konkurrierenden Gruppen wurde hilfsbereite Nachbarschaft. Mit der Zeit konnten wir über Pflegefehler so offen sprechen, daß die Suche nach ihrem Ursprung im Vordergrund stand, um Wiederholungen vermeiden zu können. Gemeinsam wurde der beste Weg gesucht, um den Fehler möglichst gut zu beheben. Fehler konnten als Lernansporn begriffen und dadurch sehr reduziert werden. Auch ich hatte zu lernen, z.B. Kritik in positiver Form zu geben, um das Gespräch darüber erst zu ermöglichen, für gut geleistete Arbeit auch Lob auszusprechen. Es war viel Befriedendes in dieser Entwicklung.

Damit meine ich nicht, daß wir ausgebildete Psychologen ersetzen könnten oder sollten. Sie werden zunehmend gebraucht und zugezogen werden müssen. Es geht um die vielen Kranken, die in einer sie verstehenden und stützenden Atmosphäre noch bessere Chancen für Heilung, Besserung oder ein ihnen gemäßes Sterben bekommen könnten, als sie es leider heute noch oft antreffen.

Auch heute noch würde ich die I.F. einsetzen, um allen Mitarbeiterinnen die Möglichkeit zu geben, sich mit psychologischen Fragen zu beschäftigen und damit die Scheu davor zu mindern.

- *Begleiten schwerkranker und sterbender Patienten*

Bei einem Vortrag im Rahmen des Steirischen Herbstes lernte ich Frau Dr. Kübler-Ross kennen und war von ihren Berichten und Erfahrungen mit Schwerkranken und Sterbenden sehr beeindruckt. Herrn Primarius Dr. Becker aus Limburg an der Lahn, der sich auch dieser Problematik annahm, konnte ich für einen ganzen Nachmittag in unserem Haus gewinnen. In vier Stunden vermittelte er sehr viel Verständnis für die Begleitung schwerkranker und sterbender Patienten. Auch in ihre symbolhafte Sprache und nonverbale Kommunikation (Körpersprache) führte er uns ein.

- *Sketch als Schulungsmittel*

Gerne erinnere ich mich an einen kleinen Sketch, den wir zum Tag der Krankenpflege für unser Pflegepersonal inszenierten. Er dauerte nur eine Viertelstunde, daher konnten viele vom Pflegepersonal daran teilnehmen. Zwei Schwestern der medizinischen Abteilung spielten im Negativ-Positiv-Stegreifspiel die Wiederaufnahme einer sehr übergewichtigen Diabetespatientin nach wiederholter Entgleisung. Erst kam die schroff tadelnde, abwertende, dann die helfende, freundliche Möglichkeit, auf einen Menschen zu reagieren und einzuwirken. Kein Vortrag hätte das Problem so einprägsam vermitteln können.

Führungsarbeit

Ein bewußtes Vorausplanen der Pflege war für die meisten Kolleginnen damals fast unbekannt. Nicht nur die Stationsschwester braucht Führungsqualitäten. Pflegeplanung ist ein Stück Führungsarbeit. Es ist ein Problemlösungsprozeß zusammen mit dem und für den Patienten. Es kann z.B. die Gefahr des Wundliegens sein, Angst vor einer Operation oder ein Entlassungsproblem. Die pflegende Schwester sollte es wahrnehmen und aus eigener Verantwortung helfend aktiv werden, das Nötige tun oder veranlassen.

In den Aufgabenbereich der leitenden Diplomschwester fällt es, dies zu ermöglichen. Konkret bedeutet das: Raum und Zeit innerhalb der Station zu schaffen (z.B. Entlastung von berufsfremder Arbeit), um Zeit für das Gespräch (Gruppe und Patient) zu finden, dazu zu ermutigen und die Zeit für persönlichkeitsbezogene Pflege zu bekommen.

In der I. F. gab ich an das diplomierte Pflegepersonal weiter, soviel ich konnte, was ich von Führungsstilen, Führungsarbeit und Führungsverhalten wußte, obwohl ich mir damit kritische Mitarbeiterinnen heranzog. Wachsende Entscheidungsfreude und Entscheidungsqualität zeigte, wie nötig und hilfreich dieses Wissen und Üben für ein eigenständiges und verantwortliches Pflegeverhalten ist.

Geplante Pflege und ihre Dokumentation

Ein Problem war damals überhaupt, Pflege schriftlich festzuhalten. Zuerst ging man fast verschämt daran, das konnte aber bald überwunden werden.

Das wirklich Wesentliche und Neue war aber für die meisten die Tatsache, daß sie aus eigenem die Pflege für den Patienten in die Zukunft hinein planen sollten und dabei trotzdem ganz konkret werden. Dazu müssen erst möglichst viele zweckentsprechende Daten und Beobachtungen vom und über den Patienten gesammelt werden, um sich daraus ein „inneres Bild" von ihm machen zu können. Dieses biographische Bild kann erst dann mit dem eigenen Pflegewissen verknüpft werden. Aus dieser Voraussetzung kann mit dem Patienten oder für ihn ein maßgeschneidertes Pflegeziel gefunden und festgelegt werden, mit der Chance, es in gemeinsamer Anstrengung zu erreichen. Die Unterteilung in realistische, klar definierte Einzelschritte ist dabei erforderlich.

Das ist in Wirklichkeit ein hoch anspruchsvoller, komplexer Vorgang von hoher Führungsqualität, eine kreative Arbeit.

Natürlich muß dieser Vorgang dokumentiert werden, übersichtlich, auf einem Formular, dem Pflegeplan. Dies ist nötig, um trotz der Dynamik so einer lebendigen Entwicklung, wie sie der Krankheits- bzw. Heilungsverlauf darstellt, den Überblick zu behalten. Die Pflegekontinuität ist damit genauso gesichert (Dienstübergaben) wie die Beweglichkeit des prozeßhaften Verlaufes und die Möglichkeit der Kontrolle. Der Pflegeplan bleibt aber immer nur der Niederschlag einer vorher geleisteten, umfassenden geistigen Arbeit.

In unzähligen verschiedensten Einzelschritten suchten wir diese innere Bereitschaft, Pflege in Eigenverantwortung zu nehmen, wachzurufen, die Sensibilität und Verantwortung dafür zu schärfen und durch positive Erfahrungen in der Praxis die Freude an so einem Arbeiten zu wecken.

Der Pflegeplan (geplante Pflege) hat sich wahrscheinlich aus dem Planungsschema der Wirtschaft entwickelt und ist dem Regelkreis entsprechend aufgebaut. Folgende Darstellung der grundsätzlichen Vorgangsweise wurde aus der „Österreichischen Krankenpflegezeitschrift", Nr. 1 / Jänner 1997, entnommen.

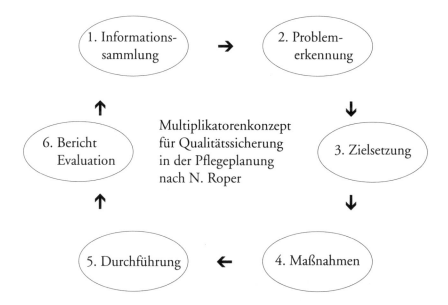

Zur Planung und Dokumentation müssen entsprechend entwickelte Pflegeblätter zur Verfügung stehen, um die verschiedenen Eintragungen möglichst übersichtlich durchführen zu können und zur Verfügung zu haben.

Damit ist der Verlauf des Zustandes des Patienten (Besserung oder Verschlechterung des Patienten etc.) nachvollziehbar festgehalten. Es können sich neue Probleme zeigen, Ziele und Maßnahmen neu gesetzt beziehungsweise der Erfolg der Pflege bestätigt werden.

Der Patient soll, wenn irgend möglich, beim Überlegen und Festlegen der Ziele und Pflegemaßnahmen am Gespräch beteiligt werden. Hier haben sowohl körperliche wie auch geistige und seelische Probleme ihren Platz.

Durch den Pflegeplan wird die Pflege transparent. Pflegeerfolge werden dabei ebenso offenkundig wie Pflegefehler oder Unterlassungen. Pflegeplanung in diesem Sinn setzt bei den Pflegenden voraus:

- daß sie sich ein möglichst umfassendes persönliches Bild von ihren Patienten erarbeiten,
- daß ihnen die Pflegeinhalte in ihrem vollen Umfang bewußt sind,
- ausgeprägtes Bewußtsein der Grenzen des eigenen Handlungsspielraumes der Pflegenden,

- Initiative im Einsatz des Wissens,
- Kreativität,
- Verantwortungsbewußtsein und
- Wissen um Fehler und Unterlassungen und ihre Folgen in menschlicher und rechtlicher Hinsicht.

Die Formulare für die Pflegepläne durften wir, nachdem wir ein brauchbares Blatt entwickelt hatten, über den Verwaltungsweg drucken lassen.

In der I. F. wurde geplante Pflege, deren Dokumentation und Auswertung mit allen Pflegenden an Hand von Fallbeispielen in Kleingruppe geübt. Erst dann gingen wir dazu über, auf jeder Station für drei bis vier Patienten exakt dokumentierte Pflegeplanung durchzuführen.

Mit der tatsächlichen Umstellung auf Gruppenpflege war es kein allzu großes Problem mehr, dieses Prinzip für alle Patienten anzuwenden. In dieser Phase hat sich die Praxisbegleitung durch mich als sehr fördernd erwiesen. Auch das Wahrnehmen der eigenen Kompetenzen und Anerkennen der Grenzen wurde damit klarer. Alles zusammen ergab ein gesundes, neues Pflegebewußtsein.

Kursentsendungen

Am Beispiel der Kursentsendung möchte ich zeigen, wie interessant, vielseitig und zugleich voneinander abhängig ein vernetztes Vorgehen ist beziehungsweise wie breit gefächert die einzelnen Schritte als Möglichkeiten genützt werden können. Diese Vielschichtigkeit hat sich als sehr wirksam erwiesen. Die Auswahl der Kurse wurde so getroffen, daß Probleme behandelt wurden, die für unser Haus wichtig waren.

Bei Kursbesuchen außer Haus zog ich es vor, zwei oder drei Diplomschwestern gemeinsam zu schicken. Sie konnten ihre Gedanken austauschen. Sie wußten von mir, daß sie ihr neues Wissen in der I. F. oder einer Informationsstunde an uns alle weitergeben mußten. So konnten sie sich gemeinsam darauf vorbereiten. Hilfe beim Ausarbeiten bot ich ihnen an. Diese Voraussetzungen bedingten eine sehr intensive Teilnahme am Seminar oder Kurs.

Im Haus waren sie dann vor den eigenen Kolleginnen Vortragende. Sie als Person sowie der Kursinhalt bekamen dadurch eine andere Wertschätzung. Dort, wo es um praktische Handgriffe ging, wurde in Kleingruppen geübt. Die Kursschwestern waren die Übungsleiterinnen. Da wir die I. F. immer in doppelter Auflage durchführten, wurden alle Pflegekräfte aus erster Hand informiert. (Niemand konnte sagen: „Ich weiß das nicht.") Das Umsetzen des Gelernten in die Praxis wurde für alle verpflichtend. Es war wieder ein Schritt hin zu fachbezogener Teamarbeit.

Die Vortragenden übten sich im Sprechen vor Kolleginnen, Stationsschwestern und der Oberschwester, auch ab und zu vor dem Arzt, wenn sein Interesse dafür bestand. Es war schön zu sehen, wie sich die Spannung zu Beginn des Vortrages in Freude über die geglückte Aufgabe wandelte. Sie mußten aber auch für korrekte Durchführung in der Praxis sorgen. Jede Gelegenheit wurde genützt, um in Selbständigkeit und Verantwortung hineinzuwachsen. Wir alle profitierten davon, und es wurden daraus gemeinschaftsbildende Unternehmungen.

Teamarbeit

Um ohne große Pannen mit Gruppenpflege beginnen zu können, erachtete ich es als wichtig, sich vorher in Teamarbeit einzuüben.

Notwendig war die klare Abgrenzung der Kompetenzen im Arbeitsalltag zwischen diplomiertem Pflegepersonal und Pflegehilfspersonal (SHD), ebenso der richtige Einsatz von Schülerinnen und Praktikantinnen. Auch das Delegieren war ein Lernschritt. Je detaillierter wir die praktischen Fragen der Pflege bearbeiteten, um so klarer wurden die Kompetenzen.

Bestimmte Aufgaben auf der Station konnten neu verteilt werden. Für jede Aufgabe gab es eine hauptverantwortliche und eine stellvertretende Diplomkrankenschwester.

– Die Hygieneschwester war zuständig für die Durchführung und Überwachung der gesamten Desinfektionsarbeit (Instrumente, Geräte, Betten, die Konzentration der Desinfektionslösung für den Reinigungsdienst etc.). Sie wurde aktiv, wenn eine Hausinfektion (Hospitalismus) auftrat. Schaf-Felle für die Lagerung bettlägriger Patienten, die aus der Spezialreinigung kamen, wurden fallweise durch Abstriche kontrolliert, etc. Sie sorgte für das Hygienebewußtsein auf der Station. Heute gibt es bereits eine Sonderausbildung dafür.

– Die Kontaktschwester für Schülerinnen und neu eingestelltes Pflegepersonal war Ansprechpartnerin, wenn diese Fragen oder Probleme auf der Station hatten. Sie sollte die neu Hinzugekommenen einführen, sie bei Aufgaben begleiten, die sie im Haus bekamen, wie z.B.: Informationen sammeln und damit einen Pflegeplan anlegen. Eine ihrer Aufgaben war auch, die Praktikumsziele im Auge zu behalten. Durch diese Verantwortung wurde sie selbst motiviert, Vorbild zu sein, was sich auf der Station positiv auswirkte.

– Die Stationsschwester war dadurch von diesen Aufgaben entlastet. Es war aber ganz wichtig, daß sie von beiden Bereichen die volle Information hatte. Im Rahmen der Umstrukturierung kam für sie die Aufgabe dazu, persönlichkeitsbezogene Pflege und das Gespräch zu ermöglichen und zu fördern.

Viel Unsicherheit entstand und mußte wieder abgebaut werden. Die in neuen Sachbereichen eingesetzten Diplomschwestern mußten sich in die Verantwortung einüben.

Für jedes Team gab es einen zentralen Besprechungskreis bei mir, in dem wir uns die fachlichen Grundlagen erarbeitet haben. Organisatorische Inhalte wurden besprochen, neue Ziele festgelegt. Schwierigkeiten, die zur Sprache kamen, gaben mir die Rückmeldung, wo Verbesserungen nötig waren. Es war ein Netz von Kontakten, die sicherstellten, daß im Haus ein einheitliches Vorgehen gewährleistet war, mit dem Spielraum, neue Anregungen aufzugreifen. Diese, die übliche Struktur der Station übergreifende Aufgabenzuordnung beschleunigte die Entwicklung in sachlich orientiertem Gespräch.

Die Frage, wie im Haus Informationen weiterzugeben sind, wurde in der I. F. als ein eigenes Thema mit allen erarbeitet beziehungsweise die Regelung festgelegt. Dies wurde nötig bei dem bereits komplizierten, vernetzten System von Kompetenzen und Gruppen. Die Besprechungsprotokolle lagen auf den Stationen auf. Es gab im wesentlichen eine klare Aufteilung von Hol- und Bringschuld für jeden im Pflegedienst. Es funktionierte gut.

Gruppenpflege

Nach dieser dreijährigen Vorarbeit konnten wir die Umstellung auf Gruppenpflege beginnen. Die ersten drei Diplomschwestern, die zu einem Kurs für Gruppenpflege geschickt worden waren, berichteten innerhalb einer

Informationsstunde so positiv, daß viele Mitarbeiter gut motiviert waren. Das nötige Material wie Visitewagen, Verbandswagen etc. stand bereit.

Nach der Haupturlaubszeit und der Zuteilung der neudiplomierten Krankenschwestern, die verwaiste Stellen wieder auffüllten oder kurzfristig als „Überhang" liefen, war die Zeit günstig. Nochmals fand die Absprache im Haus statt, mit Ärzten, Verwaltung, Betriebsrat und dem Stationspersonal, mit dem wir beginnen wollten. Auf ein Ansuchen an die Landesregierung um Genehmigung dieses Projektes mit einem Probelauf von zwei Jahren kam grünes Licht, und wir fingen an, erst auf einer Abteilung, die anderen folgten in Abständen nach, da ich den Beginn durch längere Zeit sehr sorgfältig begleiten wollte.

Bei der letzten Vorbesprechung mit dem leitenden Primarius, auf dessen Abteilung wir begannen, meinte er, er werde kritisch beobachten und sich bei Fehlreaktionen, die auftreten könnten, sofort melden. Das war eine sehr große Hilfe, um nötige Korrekturen durchführen zu können. Im Grunde war er mit dem Konzept einverstanden. Ein paarmal in diesen Jahren sagte er mir seine Einstellung zur Pflege in seiner knappen Form: „Kein Arzt kann so gut sein, daß er auf gute Pflege verzichten kann. Kein Arzt kann so schlecht sein, daß gute Pflege nicht doch noch helfen könnte." Innerhalb von vier Jahren war das ganze Haus umgestellt und Gruppenpflege längst zur Notwendigkeit geworden.

Trotz Teilung der großen Stationen in Gruppen mußten noch Zusammenarbeiten, Aushelfen und Einspringen gewährleistet sein. Die Stationsschwester mußte trotz aller Selbständigkeit der Gruppen die nötigen Informationen erhalten. Besprechungszeiten, Visiten und Arbeitsabläufe mußten koordiniert werden.

Die Ärzte auf den Stationen verhielten sich zuerst recht skeptisch, sie waren verunsichert, weil sie zu den Pflegebesprechungen nicht eingeladen wurden. Sie begannen sie aber bald zu akzeptieren.

Schülerinneneinsatz

Der Ferialeinsatz der Schwesternschülerinnen wurde zu einer ganz positiven Triebfeder in unserer Pflegeentwicklung. Ich erachtete es für wichtig, unsere Pflegeauffassung möglichst früh und gut an zukünftige Diplomkrankenschwestern heranzutragen, als Anregung für ihr weiteres Interesse.

Den Schwestern, die den Kontakt für die Schülerinnen auf der Station erleichtern sollten, fiel dabei eine ganz wichtige Aufgabe zu.

An unserem gesamten Pflegealltag ließen wir die Schülerinnen teilnehmen, auch an den Fragen der Sterbebegleitung und dem Achten auf die nonverbale oder oft verschlüsselte Sprache Schwerkranker und sterbender Patienten. Wenn die Schülerin in ihrer Arbeit das Sterben eines Patienten wirklich miterlebt, gilt es die eigene Betroffenheit in einer guten Atmosphäre aufzufangen, das Gespräch darüber zu ermöglichen, damit aus der Sprachlosigkeit zu helfen und eine positive Verarbeitung einzuleiten.

Schülerinnenbesprechungen fanden auch regelmäßig bei mir statt. Im Rahmen dieser Treffen übten wir zum Beispiel Pflegeplanung aufgrund von Pflegegesprächen und Erstellen von Pflegeplänen. Wir übten auch Überzeugungsarbeit, indem die Schülerinnen mich durch sachlich begründete Argumente von meinen Gedanken abbringen und von Ihrer Meinung überzeugen sollten. Ein andermal übten wir das Gespräch mit dem Patienten mit Hilfe von Handpuppen. Es war erstaunlich, wie natürlich, frei und persönlich die Gespräche abliefen. Die Angst, grobe Fehler zu machen, war ausgeschaltet.

Andererseits waren die Schülerinnen sehr gute Informantinnen über Neuerungen in der Pflege, die von Schule oder Klinik ausgingen. Als Landspital griffen wir das gerne auf. Schülerinnen wurden zu Vermittlerinnen, z.B. als das geschlossene System beim Dauerkatheter eingeführt wurde.

Die Einsatzbereitschaft und das Interesse der Schülerinnen ermutigten uns auch sehr dazu, hier zusätzlich Zeit und Kraft einzusetzen.

Begleitung während der Einführungszeit

Es war ganz wichtig, daß ich beim Einüben von Neuerungen auf den einzelnen Stationen längere Zeit begleitend dabeisein konnte. Es ging um gruppendynamische Prozesse, die gemeinsam gelöst werden konnten, Organisationsfragen und Problemlösungsprozesse wie z.B. die geplante Pflege. Es war völlig neu und ungewohnt, Pflegehandlungen im vorhinein so genau durchzudenken und noch dazu aufzuschreiben. Mit dem Formulieren des Pflegeproblems und der Pflegeziele taten wir uns lange schwer. Eine große Hilfe war mir dabei Schwester Ingrid Frena. Auf ihrer Station im

Arbeitsalltag eingebunden, konnte sie mir dort die Praxisbegleitung voll abnehmen und mich damit sehr entlasten.

Auch das Begleiten junger, neueingesetzter Stations- oder Gruppenschwestern war nötig, besonders dann, wenn sie älteren Schwestern vorgesetzt wurden. Die Richtung des Weges legte ich mit ihnen fest, auch die Schwerpunkte und die Probleme im Detail. Meine Fragen waren dann: „Wie würden Sie das Problem lösen?" „Wollen Sie es allein probieren, oder möchten Sie meine Hilfe dabei? Wenn nicht, so bitte ich um Rückmeldung, wie es gegangen ist."

Der Kontakt mit den Patienten blieb mir ein wichtiges Anliegen. Deshalb hatte ich Zielgruppen für fallweise und auch regelmäßige Patientenbesuche. Mit schwerkranken Patienten suchte ich im Gespräch zu bleiben. Bei schwierigen oder besonders unruhigen Patienten schaltete ich mich manchmal ein oder wurde von der Station zugezogen, um z.B. draufzukommen, welche Ängste und Befürchtungen die Ursache für ihre Ungeduld mit uns sein könnte. Die Schwestern wußten, daß sie mich dazu holen konnten. Sie bekamen auch die Rückmeldung von mir, und wir suchten gemeinsam in einem Pflegegespräch nach Abhilfe.

Studien

Wir lösten manche Probleme mit Hilfe kleiner Arbeitsstudien, die wir dort einsetzten, wo uns die Qualität der Pflege nicht transparent genug erschien. Eine Frage war z.B.: Wieviel Zeit verwendet der Nachtdienst für die einzelnen Pflegetätigkeiten in der Morgenarbeit, wenn die Weckzeit fünf Uhr eingehalten wird? Die Studie lief auf allen Stationen durch eine oder zwei Wochen, und es wurden auf einem Formular die Minuten eingetragen. Es kam unter anderem heraus, daß für eine Ganzwaschung nicht mehr als drei bis höchstens fünf Minuten Zeit erübrigt werden konnten. Eine Arbeitsablaufstudie der Tagesarbeit brachte dann die Lösung. Ganzwaschungen wurden zum Teil in den Vormittag verlegt. Zur Entlastung des Nachtdienstes in der Morgenarbeit wurde auf jeder Station für einen SHD die Arbeitszeit um eine Stunde (sechs Uhr) vorverschoben.

Die wirklich nötigen Pflegeartikel bekamen wir, wenn auch nicht immer leicht. Wir erreichten die Bewilligung manchmal erst, nachdem wir dem Ansuchen eine entsprechende Studie über die Notwendigkeit beigelegt hatten und über die Gefahren bei einer Ablehnung klar informierten.

Zusätzlich ging das Schreiben „nachrichtlich" an mindestens drei Stellen der Behörde. Damit war sichergestellt, daß das Ansuchen abgeschickt wurde. Ob ein neuer Schüsselspüler, Bett-Steckgitter (ein Schutz, um nachts nicht aus dem Bett zu fallen) oder Patientenlifter – wir bekamen sie. Wir legten z.B. Kopien von Pflegeeintragungen bei, aus denen zu entnehmen war, daß die entsprechende Sicherheit nicht mehr gegeben war. Diese Verantwortung wollte dann doch von keiner Verwaltung beziehungsweise Beschaffungsstelle getragen werden.

Viele Anregungen um Verbesserungen der Pflege kamen jetzt von den Schwestern selbst – eine gute Form der Zusammenarbeit. Durch vielfältige Vernetzung versuchten wir, die neuen Gedanken und Vorhaben fest im Haus zu verankern und lebendig zu halten.

Abschließende Gedanken

Es hat sich in diesen Jahren gezeigt, daß die Entwicklung zu eigenständiger und eigenverantwortlicher Pflege eines sorgfältigen, mühsamen Aufbauens und Hineinführens bedarf, um das Gefühl für Selbständigkeit wachsen zu lassen. Das kann nur in vielen kleinen Schritten geschehen. Übungsmöglichkeiten in geschütztem Rahmen sind wichtig, bis sich eine tragende Eigenerfahrung gebildet hat. Verantwortungsgefühl läßt sich lernen, braucht aber Zeit und Unterstützung.

Wenn es auch immer wieder zu kleineren Fehlreaktionen kam und die einzelnen Mitarbeiterinnen in ihrer Persönlichkeitsentwicklung sehr unterschiedlich waren, sie lernten die Nöte der Patienten besser zu verstehen, besser auf sie einzugehen. Die kreative Selbständigkeit und Dynamik, mit der sie ihr Pflegewissen im Arbeitsalltag einsetzten, war ein ermutigendes Ergebnis. Viele positive Rückmeldungen von Patienten bestätigten, daß ihnen die offene, gesprächsbereite Atmosphäre im Haus sehr wohl tat. Die eigene Freude und Befriedigung durch die Arbeit wuchs. Es gab extrem wenig Krankenstände. Die Arbeitsleistung der einzelnen Pflegekraft war konzentriert und effektiv geworden, der Arbeitsablauf, gegenseitiges Aushelfen reibungslos. Wir hatten, im Gegensatz zu früher, so viele Bewerbungen für unser Haus, daß wir eine gute Auswahl treffen konnten. Die Verweildauer der Diplomschwestern im Dienstverhältnis war lang, der Wiedereinstieg nach Kindern und Karenz fast die Regel. Viele der Schülerinnen, die zum Ferialeinsatz bei uns waren, meldeten sich nach dem Diplom wieder.

Die Zusammenarbeit mit den Ärzten auf der Station entwickelte sich gut. Mehr und mehr erlebten auch sie unseren Einsatz in der Pflege, unsere Fragen, unsere Anliegen. Es wuchs das Vertrauen und auch die gegenseitige Achtung. Die Zeit für unsere Pflegebesprechungen respektierten sie, kamen dazu, wenn sie etwas einzubringen hatten. Die Pflegeaufzeichnungen wurden als sehr nützliche Information voll einbezogen. In Kürze hatten sie nach der Entlassung des Patienten ihren festen Platz in der Krankengeschichte.

Wir hatten in diesen Jahren meiner Pflegedienstleitung vieles erreicht, in vielem waren wir über einen guten Ansatz noch nicht hinausgekommen, manches blieb noch beim Wunsch. Wir waren alle Lernende geworden.

Befremdliche Reaktionen

Die erreichte Qualität der Pflege wurde nicht nur im eigenen Haus, sondern auch über das Haus hinaus geschätzt und voll unterstützt. Um so befremdlicher war für uns, daß wir in den folgenden Jahren massiven Widerstand erfuhren.

Die Schwierigkeiten der letzten Jahre ergaben sich durch Neubesetzungen in der „Kollegialen Führung". Es entstanden Probleme, die in dem Abschnitt „Enttäuschende Grenzerfahrung im Beruf" (Seite 141) bereits beschrieben wurden. Sie waren schwierig zu bewältigen, aber es gelang trotzdem, unser Ziel weiter anzustreben.

Hier sei nur noch angefügt, daß die angesprochenen Probleme aufzeigen sollen, welche Brisanz auf dem Weg zur Eigenständigkeit der Pflege liegen kann.

Ausblick

Gerade so ein Druck von außen kann dazu beitragen, daß sich unser Berufsbild noch klarer formt und wir es gemeinsam vertreten lernen.

Folgende Fragen scheinen mir für den Pflegebereich so wichtig zu sein, daß sich jede Diplomschwester mit ihnen befassen sollte, persönlich und am jeweiligen Arbeitsplatz im Berufsalltag:

- Das Gespräch mit dem Patienten gehört wesentlich zu unserem Beruf. Eine Entscheidung, die grundsätzlich nur von uns selbst getroffen werden kann.
- Wie eigne ich mir das nötige Wissen, die Übung und Erfahrung für den Aufbau von helfender Beziehung als einem wichtigen Teil der Krankenpflege an, was gehört schon in die Grundausbildung, was in die berufsbezogene Fort- und Weiterbildung?

- Wie teilen wir unsere Anliegen für die Pflege anderen Berufsgruppen und Stellen so mit, daß wir auch gehört und verstanden werden?
- Wie können wir auch den ökonomischen Beitrag, den umfassende Pflege leistet, besser darstellen, z.B. durch Forschung, Studien etc.?
- Wird es den „Leitenden im Pflegebereich" gelingen, sich so dafür einzusetzen, daß umfassende menschliche Pflege auch heute durchführbar wird, und zwar sowohl von den inhaltlichen Voraussetzungen als auch von den Rahmenbedingungen her?

Dies sind meines Erachtens wesentliche Beiträge, um Eigenständigkeit in der Pflege zu erreichen.

Aus der Fachliteratur und verschiedenen Berichten aus der Praxis sehe ich zu meiner Freude immer wieder, daß genau in dieser mir wichtig scheinenden Richtung eine ermutigende positive Entwicklung im Gange ist.

Möge diese kleine Schrift ein Beitrag dazu sein.

Ganz herzlichen Dank sage ich allen Diplomkrankenschwestern/Pflegern und Stationshilfsdiensten der damaligen Zeit von Feldbach, die den Weg mit mir so mutig gegangen sind. Mein besonderer Dank gilt auch Diplomschwester Ingrid Frena, die die Lasten und Freuden der umfassenden innerbetrieblichen Schulung mitgetragen und dadurch erst möglich gemacht hat.

Veröffentlichungen

Berichte über die Innerbetriebliche Fortbildung, die in der „Österreichischen Krankenpflgezeitschrift" veröffentlicht wurden

29. Jg. (1976), Nr. 12, S. 406-409
Ascher L., Frena I., *Bericht über die innerbetriebliche Fortbildung im Landeskrankenhaus Feldbach.*

30. Jg. (1977), Nr. 12, S. 363-367
Ascher L., *Innerbetriebliche Fortbildung.*
Frena I., *Alltägliche Bagatellfehler und ihre Bedeutung.*
Kohlhauser R., *Der beinamputierte ältere Mensch als Aufgabe der aktivierenden und rehabilitativen Pflege.*

31. Jg. (1978), Nr. 4, S. 132-133
Ascher L., *Planung der Pflege – Gedanken und Erfahrungen.*

32. Jg. (1979), Nr. 3, S. 85-89
Ascher L., *Innerbetriebliche Fortbildung am Landeskrankenhaus Feldbach.* Einleitung zu den Berichten.
Himmelbauer H., *Kommunikationstraining unter dem Thema: Bewältigung von Konflikten.*
Frena I., *Zusammenarbeit – Mitverantwortung.*

35. Jg. (1982), Nr. 4, S. 111-112
Frena I., *Innerbetriebliche Fortbildung im Landeskrankenhaus Feldbach 1981.* Das Gespräch in der Arbeitsgruppe.

Rückschau mit Zukunft. Lisbeth Ascher im Gespräch mit Harald Verworner. Österreichische Krankenpflgezeitschrift, 52. Jg. (1999), Nr. 8-9, 1999

Lebenslauf

1920	geboren, wuchs mit drei Geschwistern in familiärer Geborgenheit auf
1938	Abschluß der dreijährigen Haushaltungsschule für wirtschaftliche Frauenberufe
1938/39	je ein halbes Jahr in Württemberg (Haushalt) und im Reichsarbeitsdienst in Ostpreußen (Kriegsausbruch)
1939–42	Schwesternausbildung beim Roten Kreuz Berlin bzw. im Krankenhaus in Wilhelmshaven (Diplom 1941)
1942	eingezogen zur Wehrmacht in ein Kriegslazarett für Schwerverletzte im Südabschnitt der Ostfront, Rückzug mit Frontverlauf
1945	Heimkehr, kurze Arbeit in einem Privatsanatorium
1946–62	Töpferausbildung mit Meisterprüfung, Verarbeitung der Kriegserlebnisse
1952/53	Mithilfe bei der Pflege des Vaters in seinem letzten Lebensjahr zu Hause
1953/54	Ausbildung für Beschäftigungstherapie
1954–57	Pflege von Patienten mit Multipler Sklerose in der Schweiz
1957–65	Unfallkrankenhaus Kalwang als Oberschwester der Rotkreuzschwestern
1965–70	Kurstätigkeit im Roten Kreuz Steiermark für die Bevölkerung (Erste Hilfe, Pflege eines Angehörigen zu Hause, Pflege von Mutter und Kind)
1970/71	Sonderausbildung „Lehrkurs für Führungs- und Lehrkräfte" beim Österreichischen Krankenpflege Verband, Wien
1970–82	Pflegedienstleitung im Landeskrankenhaus Feldbach